DAS Cath Kidston® NÄHBUCH

ÜBER 30 NEUE IDEEN DER KULTDESIGNERIN

FOTOS VON RITA PLATTS

DK

INHALT

VOR-WORT

Es ist bemerkenswert, wie viele Frauen in den letzten zehn Jahren das Nähen für sich entdeckt haben. Fernsehsendungen und Hochglanzmagazine nehmen sich des Themas an, überall im Land gibt es Messen und Märkte. Auch andere alte Handarbeitstechniken wie Sticken und Patchwork sind wieder im Kommen.

Fünf Jahre nach unserem ersten Nähbuch möchte ich an den großen Erfolg anknüpfen und eine ganz aktuelle Auswahl von Projekten präsentieren: praktisch, leicht nachzuarbeiten, fröhlich und so vielseitig, wie es in unsere Zeit passt.

Mit diesem Buch möchte ich die Lust aufs Nähen wecken. Es spielt keine Rolle, wie alt Sie sind, ob Sie noch nie einen Knopf angenäht haben oder jahrelange Näherfahrung und ein ganzes Regal voll toller Stoffe haben. Im vorderen Teil werden alle wichtigen Grundtechniken erklärt und die Anleitungen werden durch Schritt-für-Schritt-Illustrationen und schöne Fotos veranschaulicht, damit sie wirklich jeder leicht nachvollziehen kann.

Einsteigerinnen können mit einfachen Projekten wie der Minihandtasche für kleine Mädchen oder dem Brillenetui beginnen, die in ungefähr einer Stunde zu schaffen sind, bevor sie sich an anspruchsvollere Modelle wie die Stofftabletts und die Tasche für alle Fälle wagen oder mit verschiedenen Stoffen wie Segeltuch, Seersucker, Wachstuch oder Frottee experimentieren.

Manche Modelle sind ganz schlicht, andere können Sie ganz nach Geschmack verzieren oder nach Ihren Bedürfnissen abwandeln. Betrachten Sie die Modelle einfach als Grundlage zum Umsetzen eigener Ideen.

Mir macht nicht nur das Nähen selbst viel Spaß, sondern auch die Auswahl der verschiedenen Stoffmuster. Ich habe neben Stoffen aus meiner eigenen Kollektion verschiedene Vintage-Drucke und Unis verwendet. Borten, Besätze und lebendige Farbkontraste spielen für den modernen Look eine wichtige Rolle. Es ist ein Vintage-Look, aber modern interpretiert und in frischen, zeitgemäßen Farben. Manchmal ist es das Zubehör, das den Modellen ihren professionellen Charakter gibt.

Eines meiner persönlichen Lieblingsmodelle ist die Nähmaschinenhülle mit Blumenmuster, weil sie so praktisch ist. Wenn Sie – wie ich – öfter am Küchentisch nähen, wollen Sie ja nicht mitten in der Arbeit die Maschine beiseiteräumen. Also schnell die Hülle darüber – und schon kann das Frühstück serviert werden.

Aber ganz egal, wo Sie Ihren Nähplatz einrichten: Ich bin sicher, dass Sie in diesem Buch viele Tipps und Ideen finden werden, die Sie auf dem Weg, etwas ganz Besonderes zu gestalten, ein Stück weiterbringen!

NÄHKASTEN

Hier erfahren Sie, welche Grundausstattung Sie in Ihrem Nähkasten haben sollten. Genaue Angaben zu den Stoffen und anderen Materialien sind zu Beginn jeder Anleitung zu finden.

SCHEREN

Sie benötigen drei Scheren. Hochwertige Stahlklingen halten lange und können bei Bedarf geschärft werden.

- **Handarbeitsschere** mit spitzen Klingen zum Durchschneiden von Fäden, zum Einschneiden von Nähten und zum Zuschneiden sehr kleiner Stoffteile.
- **Schneiderschere** mit langen Klingen und abgewinkelten Griffen. Niemals für Papier verwenden, sonst wird sie schnell stumpf.
- **Haushaltsschere** für Papier, Schnittmuster, Einlagen und Haftvlies.
- **Zackenschere** – praktisch, aber nicht unbedingt notwendig. Der Zackenschnitt verhindert das Ausfransen der Stoffkanten.

NÄH- UND STICKNADELN

Je feiner der Stoff, desto dünner sollte die Nähnadel sein. Legen Sie sich ein Sortiment in verschiedenen Größen zu. Weil Nähnadeln leicht im Inneren eines Nadelkissens verschwinden, werden sie besser in der Verpackung oder in einem Nadelbuch aufbewahrt.

- **Nähnadeln** in mittlerer Länge haben ein rundes Öhr und eine scharfe Spitze. Zum Heften und zum Nähen mit der Hand.
- **Stopfnadeln** sind relativ lang und haben ein längliches Öhr, in das sich auch dickere Fäden wie Stopfwolle leicht einfädeln lassen.
- **Quiltnadeln** sind kurz und dünn. Sie sind dafür gedacht, mehrere Lagen Stoff und Wattierung von Hand zu durchstechen.
- **Sticknadeln ohne Spitze** werden für Stickerei auf Baumwollstoff in Leinwandbindung verwendet. Auch nützlich zum Durchziehen von Gummis und Kordeln.

FINGERHUT

Schützt die Finger beim Sticken und beim Nähen mit der Hand. Probieren Sie verschiedene Größen. Der Fingerhut sollte fest, aber nicht zu eng sitzen.

STECKNADELN

Lange Stecknadeln mit farbigen Glasköpfen sind handlich und auch auf gemusterten Stoffen gut zu sehen. Für sehr zarte Stoffe eignen sich dünne Stahlnadeln besser, weil sie keine Löcher im Stoff hinterlassen. Die Nadeln in einer Dose mit Deckel oder in einem Nadelkissen (siehe Seite 60) aufbewahren. Zum Aufheben heruntergefallener Nadeln ist ein kleiner Magnet praktisch.

GARNE

Merzerisiertes Baumwollnähgarn eignet sich für alle Naturfaserstoffe. Eine große Rolle weißes Garn und eine kräftige Farbe zum Heften gehören unbedingt in den Nähkasten. Ansonsten stimmen Sie die Garnfarbe auf den Stoff ab. Wenn Sie keine genau passende Farbe finden, wählen Sie einen etwas dunkleren Ton.

Stickgarn wird in länglichen Strängen mit zwei kleinen Papiermanschetten verkauft. Zum Abschneiden eines Fadens ziehen Sie am losen Ende und halten dabei den Strang an der kürzeren Manschette fest, damit er sich nicht verheddert. Baumwollsticktwist besteht aus sechs Einzelfäden und lässt sich leicht teilen. Die Anzahl der benötigten Fäden ist jeweils in der Anleitung angegeben.

MESSEN & MARKIEREN

Sie brauchen ein Bandmaß mit Endstücken aus Metall oder ein Rollbandmaß. Ein kurzes Plastiklineal ist hilfreich beim Umbügeln von Säumen und Anzeichnen von Nahtzugaben. Ein Zirkel wird zum Zeichnen von Kreisschablonen benötigt. Zum Anzeichnen von Nahtzugaben und Klipsen (Markierungen zum Zusammensetzen von Schnittteilen) können Sie Schneiderkreide verwenden. Für exakte Markierungen und Quiltlinien ist ein selbstlöschender Textilstift besser geeignet.

NÄHMASCHINEN

Sie brauchen eine gute Haushaltsnähmaschine mit Gerad- und Zickzackstich, die auch dickere Stoffe näht und eine gleichmäßige Fadenspannung hält. Ein automatischer Einfädler ist hilfreich, es geht aber auch ohne.

GRUNDFUNKTIONEN

Die meisten Haushaltsnähmaschinen funktionieren nach demselben Prinzip: Sie verbinden den Oberfaden, der auf der Oberseite des Stoffes verläuft, mit dem Unterfaden auf der Unterseite zu einem Doppelsteppstich. Die Garnrolle mit dem Oberfaden wird auf einen Halter auf der Maschine gesteckt und über mehrere Punkte bis zur Nadel geführt. Der Unterfaden befindet sich auf der Spule, die mit einer Spulenkapsel unterhalb der Stichplatte eingesetzt wird. Wenn die Fadenspannung korrekt eingestellt ist, sieht die Naht von beiden Seiten gleich aus.

AUFBAU DER NÄHMASCHINE

Grundsätzlich funktioniert die Mechanik aller modernen Nähmaschinen gleich. Lesen Sie sich das Benutzerhandbuch genau durch, um sich mit dem Einfädeln und den Funktionen der verschiedenen Hebel und Schalter vertraut zu machen.

- Der **Garnrollenhalter** ist ein Stift auf der Oberseite der Maschine. Auf ihn wird die Rolle mit dem Oberfaden gesteckt. Dann den Faden durch die Führungen ziehen und einfädeln.

- Der **Spulenwickler** befindet sich ebenfalls auf der Oberseite der Maschine. Der drehbare Stift wird benutzt, um Garn vom Röllchen auf die Spule für den Unterfaden zu wickeln.

- Der **Spannungsregler** verändert den Druck, der auf den Oberfaden ausgeübt wird. Wählen Sie zunächst die Standardeinstellung.

- Die **Nadel** wird oberhalb der Stichplatte in eine Halterung geschraubt. Auch Maschinennadeln gibt es in verschiedenen Stärken und Typen. Für die meisten Modelle eignet sich eine Universalnadel in mittlerer Stärke. Für dicke Stoffe wie Segeltuch oder Wachstuch sollten Sie eine robustere Jeansnadel verwenden.

- Der **Nähfuß** drückt den Stoff während des Nähens auf die Transportzähnchen. Bei manchen Maschinen wird der Druck automatisch reguliert, bei anderen muss er manuell eingestellt werden. Mit einem Hebel an der Seite oder Rückseite der Maschine lässt sich der Nähfuß anheben und absenken. Es gibt eine Vielzahl an verschiedenen Nähfüßchen für die unterschiedlichsten Zwecke. Einen Reißverschlussfuß sollten Sie sich anschaffen.

- Die **Stichplatte** hat ein kleines Loch, in dem sich die Nadel auf und ab bewegt. Seitlich sind Linien angezeichnet, die es erleichtern, eine gleichmäßige Nahtzugabenbreite einzuhalten.

- Die **Transportzähnchen** sind die beiden gezackten Metallstreifen, die unterhalb der Stichplatte montiert sind. Sie bewegen sich beim Nähen auf und ab und transportieren dadurch den Stoff unter dem Nähfuß vorwärts.

- Die **Spulenkapsel** wird unter der Nähplatte in den Spulengreifer eingesetzt. An einer Stellschraube an der Spulenkapsel lässt sich die Spannung des Unterfadens regulieren.

- Das **Pedal** funktioniert wie ein Gaspedal: Je weiter Sie durchtreten, desto schneller näht die Maschine. Bei manchen Maschinen lässt sich die Geschwindigkeit auch manuell einstellen. Das ist vor allem für Ungeübte hilfreich.

GUT VORBEREITET

Die meisten Projekte in diesem Buch bestehen nur aus einfachen geometrischen Formen wie Quadraten, Rechtecken oder Kreisen. Die genauen Abmessungen sind jeweils zu Beginn der Anleitung angegeben. Zuerst ist die Breite genannt, dann die Länge.

SCHNITTMUSTER

Schnittmuster stellen Sie her, indem Sie die angegebenen Maße der Teile auf Papier übertragen und ausschneiden. Besonders praktisch ist spezielles Schnittmusterpapier mit einem aufgedruckten Raster. Sofern in der Anleitung nichts anderes angegeben ist, sind die Nahtzugaben in den Maßen enthalten. Für Kreise ist jeweils der Durchmesser angegeben. Halbieren Sie das Maß, um den Radius zu ermitteln, und zeichnen Sie den Kreis mit einem Zirkel auf das Papier.

VORLAGEN

Für kompliziertere Formen finden Sie auf den letzten Seiten dieses Buches Vorlagen. Alle sind in Originalgröße abgedruckt. Sie können die Vorlagen also einfach durchpausen oder fotokopieren, um dann Schnittmuster aus Papier auszuschneiden. Übertragen Sie unbedingt alle Markierungen von den Vorlagen auf Ihr Schnittmuster und später auf den Stoff (z. B. Augen und Maul des Krokodils, siehe Seite 159).

ZUSCHNEIDEPLAN

Manche Modelle bestehen aus mehreren Schnittmusterteilen. In solchen Fällen finden Sie zu Beginn der Anleitung einen Zuschneideplan. Aus ihm geht hervor, wie die Schnittmusterteile auf dem Stoff angeordnet werden, um den Verschnitt gering zu halten. Auf den Schnittmustern finden Sie Pfeile mit zwei Spitzen. Sie geben die Richtung des Fadenlaufs an und müssen beim Auflegen auf den Stoff beachtet werden.

ROLLSCHNEIDER

Mit einem Rollschneider und einem langen, breiten transparenten Quiltlineal mit Maßskala lassen sich mehrere gleich große Quadrate, Streifen und Rechtecke schnell und exakt zuschneiden. Als Unterlage wird eine Schneidematte verwendet. Wer viel näht, sollte überlegen, sich diese Werkzeuge anzuschaffen.

STOFFE VORBEREITEN

Die in den Anleitungen angegebenen Stoffmengen sind immer etwas größer als der Mindestbedarf. Wenn Sie besonders große Muster oder Streifen verarbeiten, brauchen Sie wegen des Musterrapports möglicherweise mehr Stoff.

Für Kleidung sollte Stoff vor der Verarbeitung immer gewaschen und gebügelt werden, damit er später nicht mehr einläuft. Außerdem wird dadurch die Appretur entfernt, die den Stoff auf dem Ballen vor Verschmutzung schützt. Beim Kissen mit Bogenkante (siehe Seite 24) und bei den Projekten für Babys (siehe Seite 146) sollten Sie den Stoff vorher waschen und bügeln. Bei den übrigen Projekten können Sie darauf verzichten.

Wichtig ist aber, den Stoff vor dem Zuschneiden ganz glatt zu bügeln. Hartnäckige Falten lassen sich mit Sprühstärke beseitigen. Wenn Sie ältere, gebrauchte Stoffe recyceln, sollten Sie auf das Waschen keinesfalls verzichten – schon um sicherzugehen, dass der Stoff waschmaschinentauglich ist und nicht abfärbt. Löcher, Rostflecken, verblasste oder abgenutzte Stellen im Stoff werden beim Zuschneiden einfach ausgespart.

NÄHTE & SÄUME

Eine Naht dient dazu, zwei Stoffteile zusammenzufügen. Durch einen Saum wird die Schnittkante eines Stoffes versäubert. Wenn Sie diese beiden Techniken gut beherrschen, können Sie sich an alle Projekte in diesem Buch wagen.

NÄHTE

Gute Vorbereitung zahlt sich durch professionelle Ergebnisse aus. Nehmen Sie sich die Zeit zum Stecken und Heften, bevor Sie nähen. Folgen Sie genau der Anleitung, dort finden Sie auch Angaben zur Vorbereitung des Stoffes und zu den jeweiligen Nahtzugaben. In manchen Fällen müssen die Schnittkanten vor dem Nähen mit Zickzack- oder Overlockstich versäubert werden, damit sie nicht ausfransen. Auch das ist in der Anleitung angegeben. Anfang und Ende jeder Naht sollten Sie mit einigen Rückwärtsstichen verriegeln, damit sie sich bei der weiteren Verarbeitung nicht öffnen können. Schauen Sie im Handbuch Ihrer Maschine nach, wo sich der Rückwärtshebel oder -knopf befindet oder ob Ihre Maschine eine automatische Verriegelungsfunktion hat.

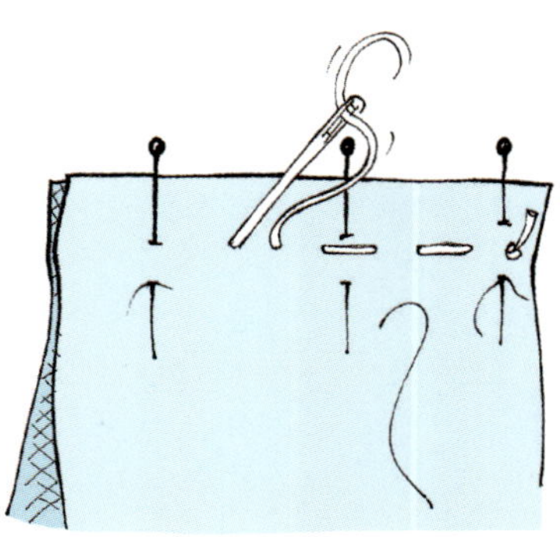

NAHTZUGABE

Dies ist der Abstand zwischen der Stoffkante und der Nahtlinie. Je nach Größe des Projekts und Art des Stoffes kann er variieren. Auf der Stichplatte der Nähmaschine finden Sie mehrere parallele Linien. Legen Sie die Stoffkante an der Linie an, die der erforderlichen Nahtzugabe entspricht, und führen Sie den Stoff beim Nähen immer an dieser Linie entlang.

STECKEN UND HEFTEN

Zwei Stoffstücke rechts auf rechts aufeinanderlegen, die Ecken und Kanten genau aufeinander ausrichten. Dann die Stoffkanten zusammenstecken. Die Nadeln rechtwinklig zur Kante in Abständen von 5 bis 15 cm einstecken. Knapp innerhalb der Nahtlinie heften (siehe Seite 19), dann die Nadeln herausziehen.

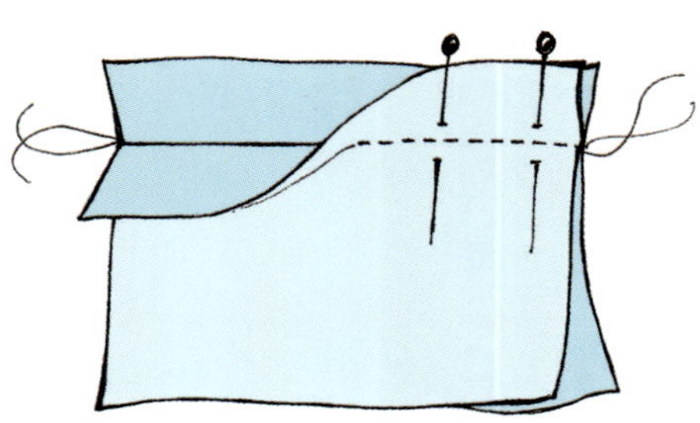

GERADE NAHT

Den Nähfuß anheben und das obere Ende des Stoffes darunterschieben. Die rechte Kante an der Linie auf der Stichplatte ausrichten, die der Nahtzugabe entspricht. Den Nähfuß senken, dann die Naht nähen. Am Handrad drehen, um die Nadel aus dem Stoff zu ziehen. Den Nähfuß anheben, den Stoff herausnehmen und die Fäden abschneiden.

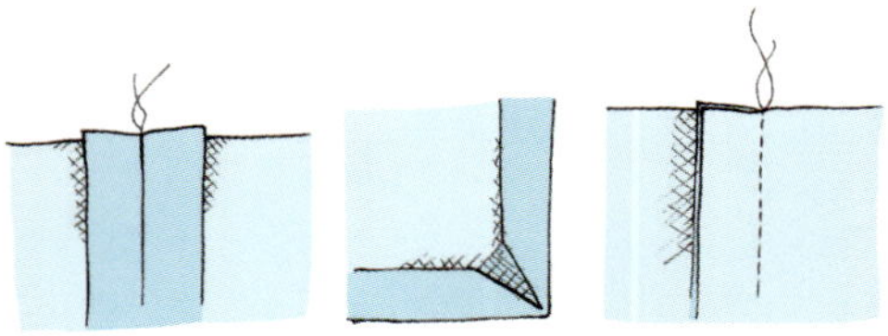

(a) *(b)* *(c)*

BÜGELN

Alle Nähte müssen gebügelt werden. In den Anleitungen ist angegeben, wann das geschieht und ob die Nähte auseinander- *(a)* oder zu einer Seite *(c)* gebügelt werden. An Ecken wird vor dem Wenden die Nahtzugabe schräg abgeschnitten *(b* und gegenüber).

UM DIE ECKE NÄHEN

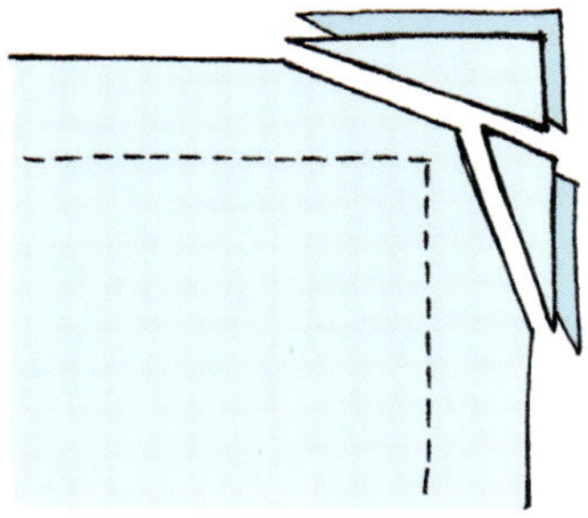

Diese Technik brauchen Sie u. a. für die Kissen und die Reißverschlusstaschen (siehe Seite 66). Bis zur Ecke nähen und anhalten, die Nadel bleibt im Stoff. Den Nähfuß anheben und den Stoff um die eingestochene Nadel herum um 90 Grad drehen. Das Füßchen senken und die Naht fortsetzen. Die Nahtzugabe schräg abschneiden, damit sie sich nach dem Wenden nicht abzeichnet. Auf rechts wenden, die Ecke mit einer Stricknadel herausdrücken und bügeln.

ECKEN ABNÄHEN

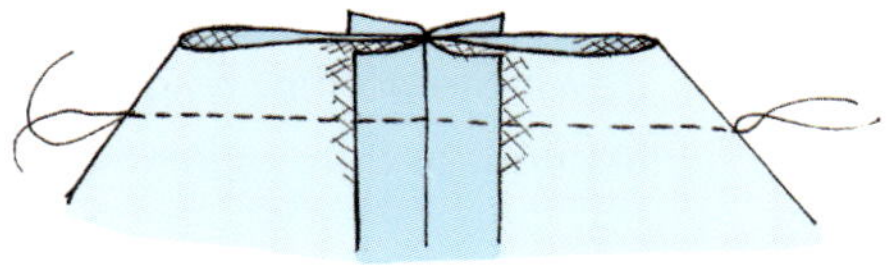

Diese Naht gibt einer Tasche Volumen. Sie kommt bei dem Kulturbeutel (siehe Seite 82) und der Blumenhandtasche (siehe Seite 94) zum Einsatz. Zuerst die Seitennähte schließen, dann die Bodennaht. Die ausgeschnittenen Ecken bleiben offen. Dann die Tasche so falten, dass eine Seitennaht genau auf der Bodennaht liegt. Die Kanten stecken und mit der angegebenen Nahtzugabe nähen. Die Nahtzugabe zurückschneiden und mit Zickzackstichen versäubern oder einfassen.

KURVEN NÄHEN

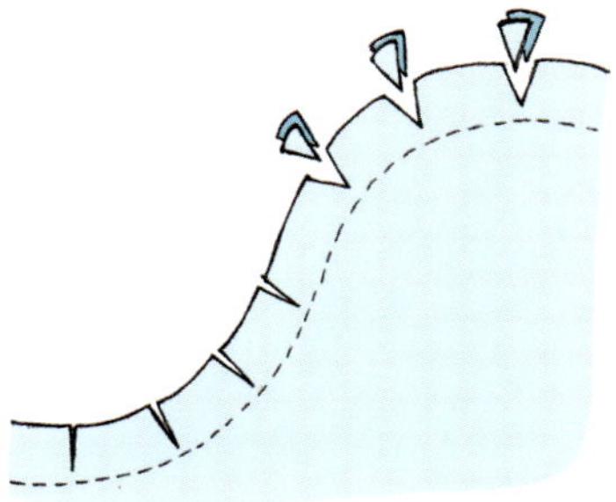

Am Kissen mit Bogenkante (siehe Seite 24) können Sie diese Technik ausgiebig üben, es gibt aber auch andere Modelle mit Bogen. Die Kanten stecken, heften und mit der Maschine nähen. Dabei eine gleichmäßige Nahtzugabe einhalten. Nun die Nahtzugabe in kurzen Abständen einschneiden, damit sie nach dem Wenden glatt liegt. Bei Innenkurven (links) genügen kleine Einschnitte im rechten Winkel zur Naht. Sie spreizen sich nach dem Wenden. An Außenkurven (rechts) werden kleine Keile herausgeschnitten. Diese v-förmigen Ausschnitte enden 2 mm vor der Naht, damit diese nicht beschädigt wird.

EINEN KREIS AN EINEN ZYLINDER NÄHEN

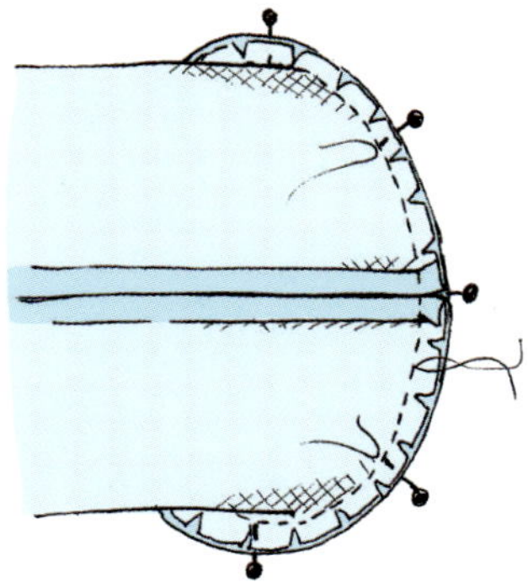

Wird ein runder Boden an einen Stoffschlauch genäht, z. B. bei der Tasche für die Yogamatte (siehe Seite 102), der Sporttasche (siehe Seite 106) und der Flaschenhülle (siehe Seite 146), den Kreis zur Hälfte, dann zu Vierteln und zu Achteln falten. Die Achtellinien mit Stecknadeln markieren. Die Nahtzugabe des Zylinders 6 mm tief und in Abständen von 2 cm v-förmig einschneiden. Den Zylinder in Achtel falten und ebenfalls markieren. Jetzt rechts auf rechts die Achtelmarkierungen aufeinander ausrichten und die Stoffe zusammenstecken. Knapp innerhalb der Nahtlinie heften. Beim Nähen mit der Maschine liegt der Zylinder oben. Je nach Dicke des Stoffes muss anschließend die Nahtzugabe des Kreises eingeschnitten werden, damit sie nach dem Wenden glatt liegt.

NÄHTE ABSTEPPEN

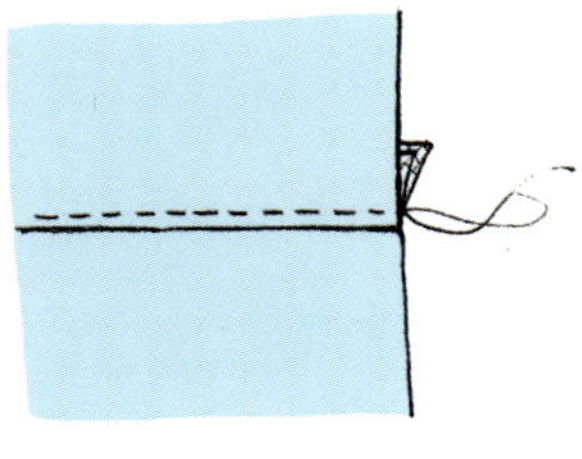

Durch Absteppen wird eine Naht verstärkt und gleichzeitig verziert, wie bei der Tasche für alle Fälle auf Seite 110. Die Nahtzugaben zu einer Seite bügeln und auf der rechten Seite im Abstand von 3 mm zur Naht durch alle drei Stofflagen nähen, dabei am Loch im Nähfuß orientieren.

SÄUME

Zum Versäubern einer Stoffkante gibt es zwei Möglichkeiten. Sie können die Stoffkante einschlagen und feststeppen. Dekorativer sieht es aus, wenn Sie sie mit einem schmalen Stoffstreifen oder fertig gekauftem Schrägband einfassen. Für einen einfachen Saum wird die Stoffkante einmal eingeschlagen und festgesteppt. Die Schnittkante ist dann auf der Innenseite des Modells sichtbar. Für einen doppelten Saum wird die Stoffkante zweimal eingeschlagen. Dadurch erhält das Modell eine feste, stabile Kante, die auch auf der Innenseite sauber aussieht. Die Breite der Einschläge ist jeweils in der Anleitung angegeben.

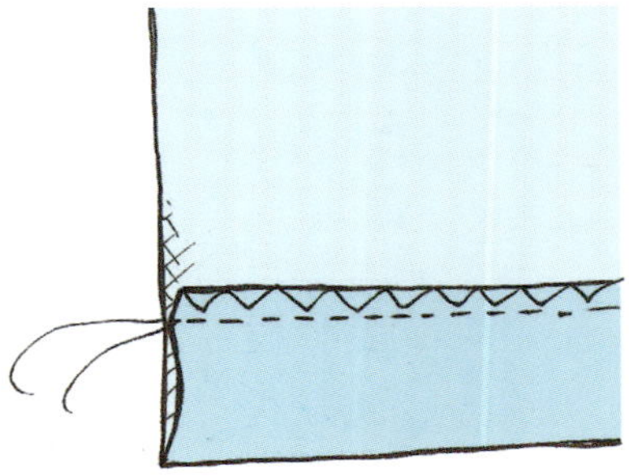

EINFACHER SAUM

Die Stoffkante mit Zickzack- oder Overlockstich versäubern und in der angegebenen Breite zur linken Stoffseite umfalten. Mit einem Lineal oder Maßband prüfen, ob der Einschlag überall die gleiche Breite hat. Dann bügeln und stecken oder heften. Beim Nähen die Stoffkante entlang einer Linie auf der Stichplatte führen, damit die Linie gerade wird.

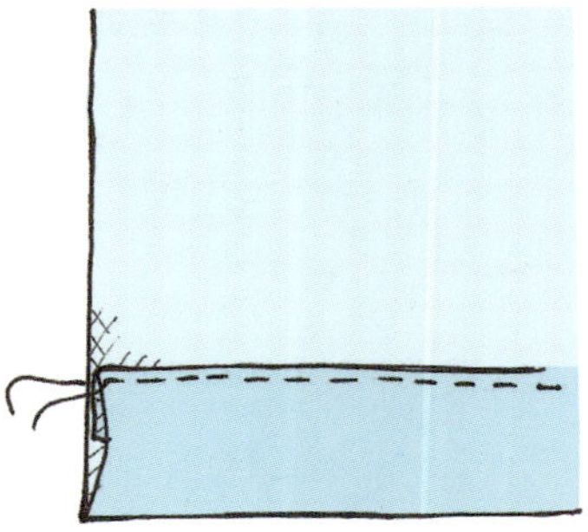

DOPPELTER SAUM

Die Stoffkante wie für einen einfachen Saum einschlagen, dann ein zweites Mal in der angegebenen Breite einschlagen. Bügeln, durch alle Lagen heften und in 3 mm Abstand zum inneren Bruch feststeppen.

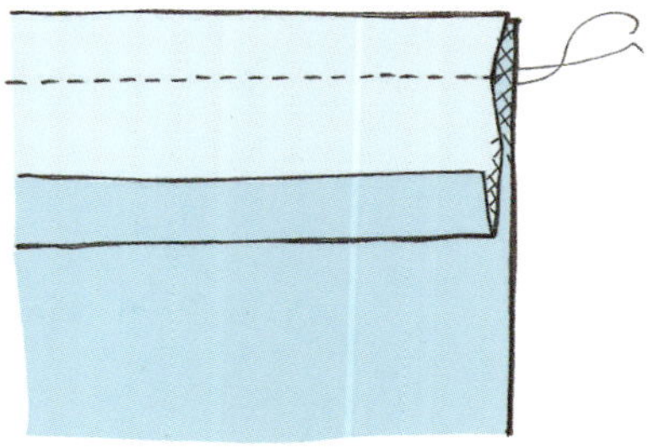

(a)

EINFASSUNG

Eine eingefasste Kante sieht sauber und professionell aus. Eine Einfassung in Kontrastfarbe betont die Kante. Für das Hängeutensilo (siehe Seite 40) und das Reisenähetui (siehe Seite 74) habe ich kräftiges Pink ausgesucht, für das Babyset (siehe Seite 146) ein zartes Blau. Auch voluminöse Nahtzugaben auf der Innenseite lassen sich mit einer Einfassung versäubern – entweder unauffällig wie bei der Laptophülle (siehe Seite 84) oder dekorativ wie bei der Segeltuchtasche (siehe Seite 98), für die ich schmale Streifen Vintage-Stoff verwendet habe.

GERADE KANTEN EINFASSEN

Fertig vorgefalztes Schrägband wird an einer Seite geöffnet. Rechts auf rechts kantengenau an den Stoff oder eine Nahtzugabe stecken, dann heften *(a)*. Exakt in der Faltlinie des Schrägbands feststeppen. Ist der Streifen zum Einfassen im geraden Fadenlauf zugeschnitten – wie bei der Segeltuchtasche auf Seite 98 – bügeln Sie eine Längskante 1 cm breit um. Die andere Kante exakt an den Stoff stecken und mit 1 cm Nahtzugabe festnähen.

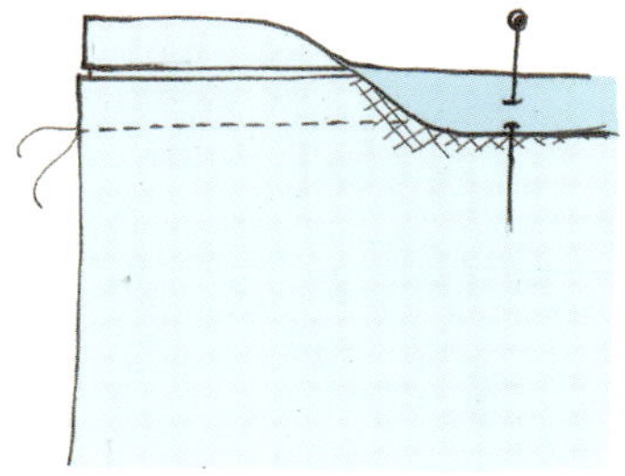

(b)

Den Stoff wenden und die eingeschlagene Kante der Einfassung zur linken Stoffseite umfalten *(b)*. Er umschließt jetzt die Nahtzugaben. Bügeln, heften und dicht neben der Bruchkante der Einfassung feststeppen. Unauffälliger sieht es aus, wenn Sie die Kante der Einfassung auf der rechten Seite von Hand mit überwendlichen Stichen festnähen.

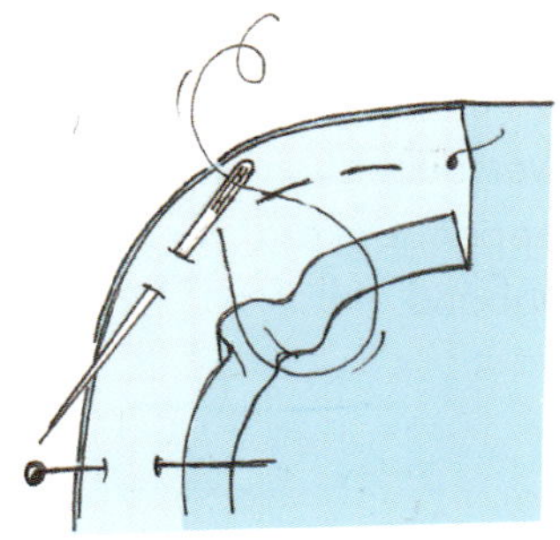

(c)

RUNDUNGEN EINFASSEN

Diese Technik kommt beim Baby-Badetuch (siehe Seite 152) und bei den abgerundeten Ecken der Minihandtasche (siehe Seite 120) zum Einsatz. Wie oben eine Seite des Schrägbands öffnen und rechts auf rechts an die Stoffkante heften *(c)*. Dabei die Kante des Schrägstreifens behutsam dehnen, um sie dem Kantenverlauf des Stoffes anzupassen.

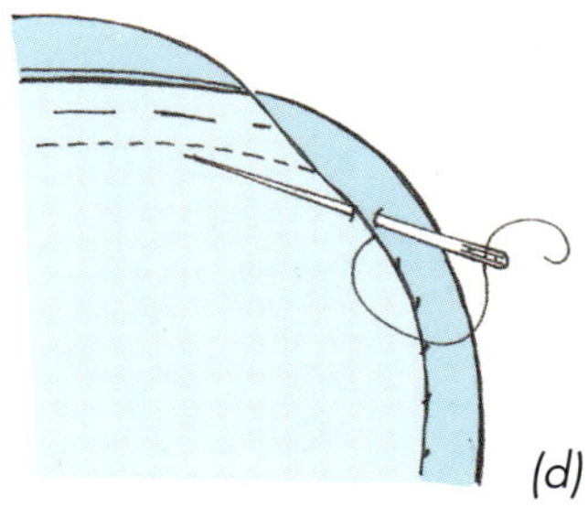

(d)

Den Schrägstreifen zur linken Stoffseite umschlagen *(d)*. Seine eingeschlagene Kante festheften und dabei etwas einhalten. Die Bogenkante vorsichtig in Form dämpfen. Den Schrägstreifen von Hand festnähen.

RECHTWINKLIGE ECKEN EINFASSEN

Die Einfassung wie zuvor festheften, bis der Abstand zur Ecke so groß ist wie die Breite des ersten Einschlags – meist ca. 5 mm. Den Streifen um die Ecke legen und an der nächsten Kante festheften. Dabei entsteht an der Ecke ein schräges Fältchen. Die Einfassung im Bruch feststeppen. Nun die Einfassung zur linken Seite umschlagen und das Fältchen so zurechtzupfen, dass saubere Briefecken entstehen.

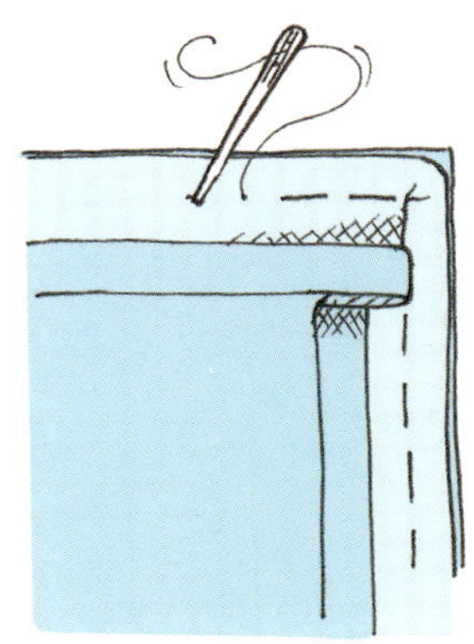

INNENECKEN EINFASSEN

Diese Technik kommt beim Baby-Badetuch (sieh Seite 152) an den Stellen zum Einsatz, wo die Bogen zusammentreffen. Die Schnittkante des Schrägbands an einen Bogen heften und dabei leicht dehnen. In der Innenecke ein Fältchen ins Schrägband legen – gerade so groß, dass das Band am nächsten Bogen anliegt. Bis zum Ende wiederholen, dann das Schrägband mit der Maschine festnähen. Zur Rückseite umfalten und festheften, dabei wieder an den Innenecken kleine Fältchen einlegen und mit der Spitze einer Handarbeitsschere vorsichtig in Form schieben. Von Hand oder mit der Maschine festnähen.

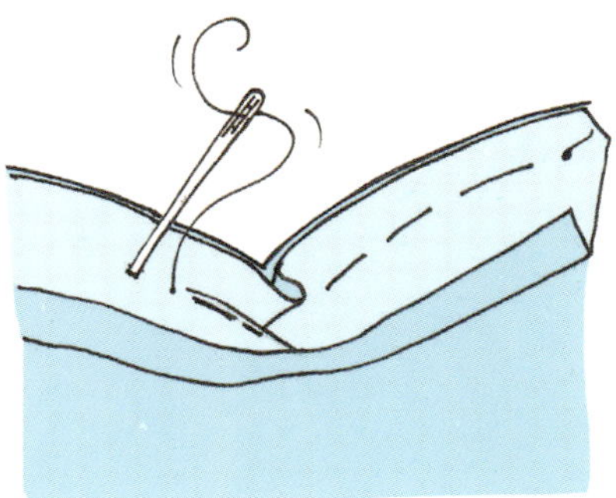

STICKEN & NÄHEN VON HAND

Es gibt Hunderte verschiedener Stiche, mit denen Sie Ihre geschneiderten Kreationen verzieren können. Hier sehen Sie die Stiche, die für die beiden Kissenbezüge (siehe Seite 32 und 36) benötigt werden.

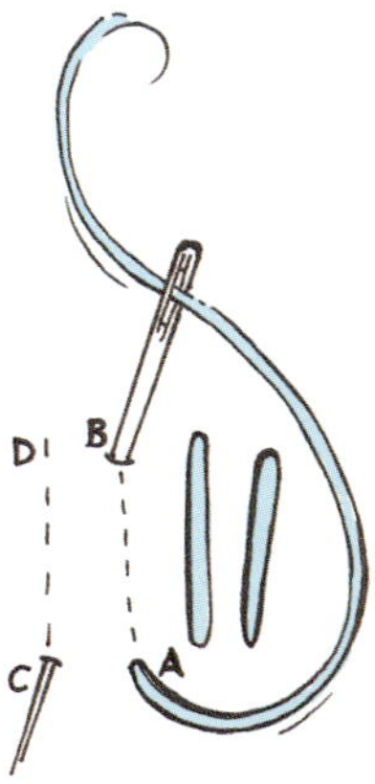

SPANNSTICH

Zum dekorativen Umsticken von Applikationen, für kleine Farbakzente und kurze Striche. Einfach mit der Nadel bei Punkt A ausstechen und etwas höher bei B wieder einstechen. Den nächsten Stich von C nach D arbeiten.

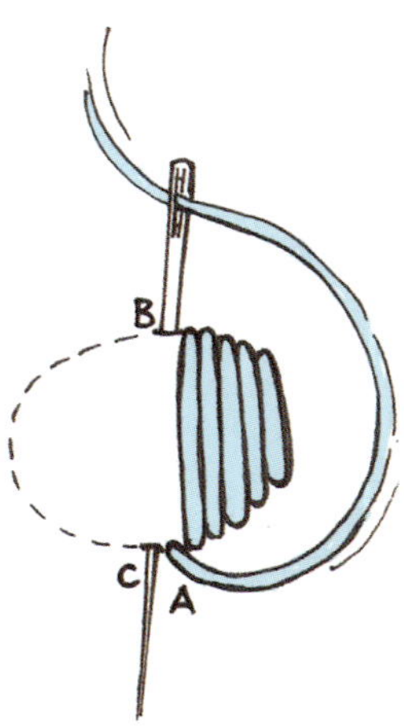

PLATTSTICH

Dicht an dicht in einem vorgegebenen Umriss gestickte Spannstiche decken den Stoff ab und bilden eine seidig glänzende Fläche. Den ersten Stich von A nach B arbeiten. Bei C, eine Fadenstärke neben A, ausstechen. Stets wiederholen.

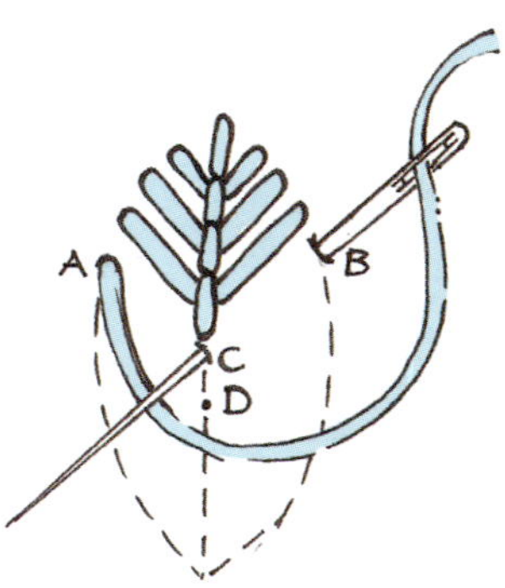

FLIEGENSTICH

Ideal für Blätter. Oben mit einem senkrechten Spannstich beginnen, dann die Fläche mit y-förmigen Stichen ausfüllen. Bei A aus-, bei B einstechen. Bei C ausstechen und die Fadenschlaufe unter die Nadel legen. Bei D einstechen, um die Schlaufe zu fixieren.

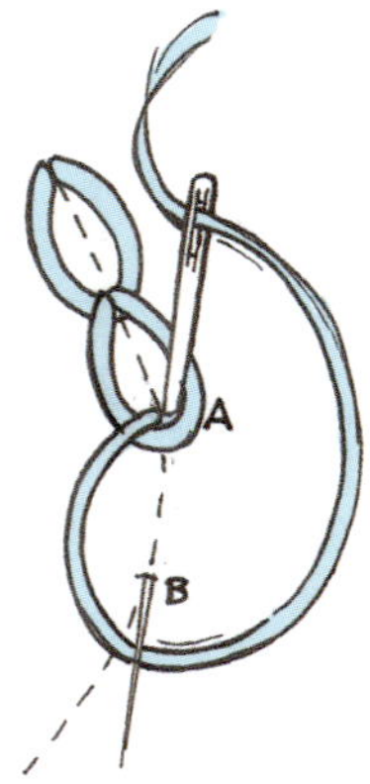

KETTENSTICH

Dieser Stich ist ideal für kompliziertere Linien oder Buchstaben. Bei A einstechen und den Faden von links nach rechts unter die Nadelspitze legen. Bei B ausstechen und den Faden nachziehen, bis sich eine Schlaufe bildet. Die nächste Schlaufe beginnt bei B. Die letzte Schlaufe mit einem kleinen Fangstich sichern (siehe Margeritenstich).

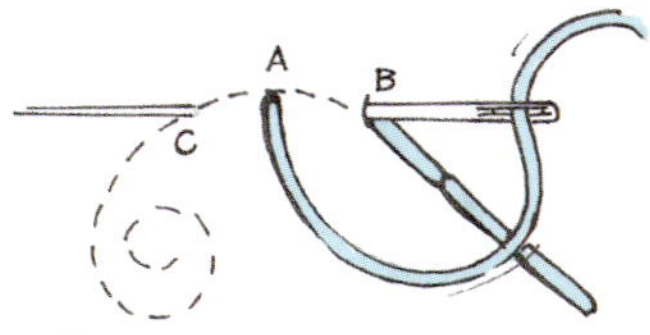

RÜCKSTICH

Dieser Stich wird auch Steppstich genannt. Er eignet sich zum Nähen von Hand und für feine Linien in einer Stickerei. Bei A ausstechen und zurückgehend bei B wieder einstechen. Bei C (eine Stichlänge vor A vorgehend) ausstechen. Fortlaufend wiederholen. In engen Kurven müssen die Stiche kürzer gearbeitet werden.

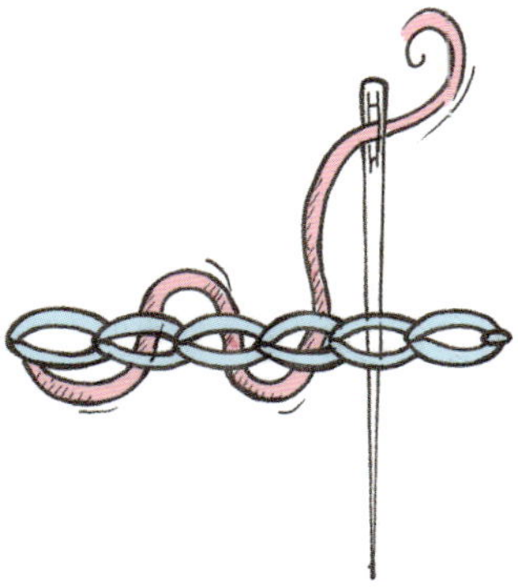

UMSCHLUNGENER KETTENSTICH

Diese zweifarbige Stickerei findet sich auf dem Kissen mit Pilzen (siehe Seite 32). Die Linie im Kettenstich sticken. Dann kontrastfarbenes Stickgarn in eine Sticknadel ohne Spitze einfädeln. Am Anfang der Kettenstiche ausstechen, den Faden unter dem zweiten Kettenstich von unten nach oben durchziehen, unter dem dritten Kettenstich von oben nach unten. Abwechselnd wiederholen.

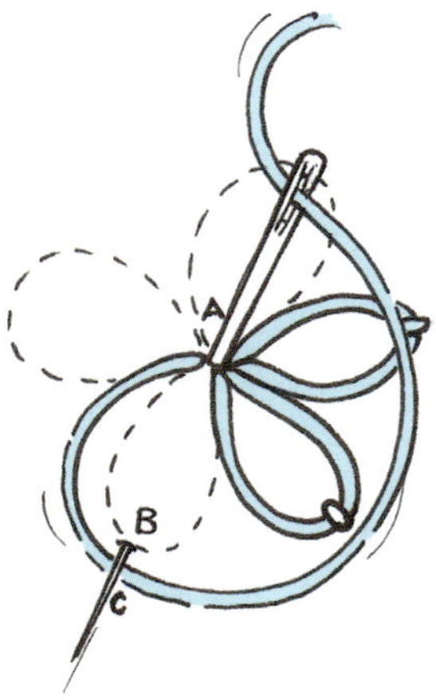

MARGERITENSTICH

So werden die Blumen auf dem Pilz-Kissen gestickt. Einzelne Kettenstiche werden von einem Mittelpunkt aus gearbeitet. Jeder wird mit einem kleinen, geraden Fangstich fixiert. Einen Kettenstich von A nach B sticken, dann bei C einstechen, um die Schlaufe festzuhalten. Bei A ausstechen, das nächste Blütenblatt ebenso sticken.

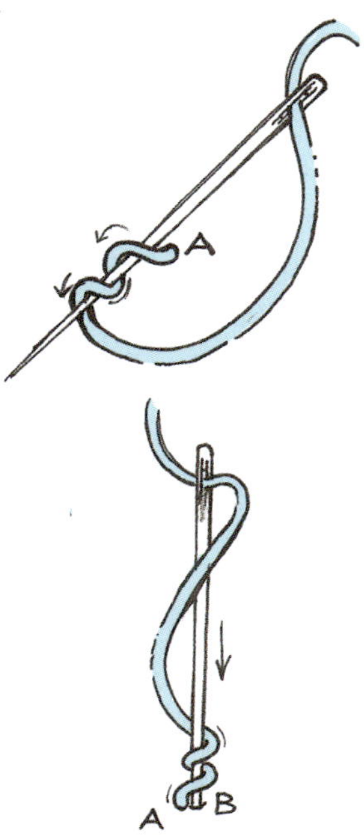

KNÖTCHENSTICH

Diese kleinen, runden Knötchen eignen sich für Farbakzente und Blütenzentren. Sie erfordern etwas Übung. Bei A ausstechen und den Faden zweimal entgegen dem Uhrzeigersinn um die Nadelspitze wickeln. Die Wicklungen mit der freien Hand festhalten, dann bei B (dicht neben A) einstechen und den Faden vorsichtig nachziehen.

Die meisten Nähte und Säume der Modelle in diesem Buch werden mit der Maschine genäht. Diese beiden Handstiche sollten Sie aber kennen.

HEFTSTICH

Mit großen, gleichmäßigen Vorstichen werden zwei Stofflagen provisorisch zusammengehalten. Heften Sie mit Garn in einer Kontrastfarbe, das auf dem Stoff gut zu sehen ist. Nach dem Nähen mit der Maschine das Heftgarn durchschneiden und herausziehen.

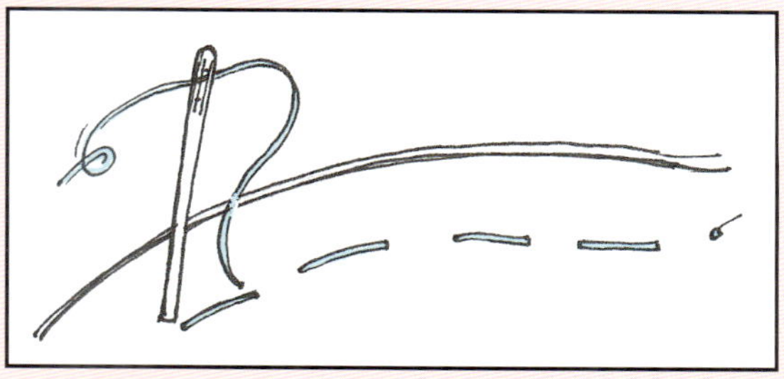

BLINDSTICH

Dieser Stich verbindet zwei Stoffteile beinahe unsichtbar. Er wird zum Schließen von Öffnungen zwischen zwei Stoffkanten verwendet, etwa im Futter einer Tasche oder am Bauch des Krokodils. Die Nadel in 1 mm Abstand zur Kante des unteren Teils ausstechen und direkt darüber ins obere Teil einstechen. Im Bruch entlangführen und 6 mm weiter links herauskommen. Direkt darunter ins untere Teil einstechen. Fortlaufend wiederholen.

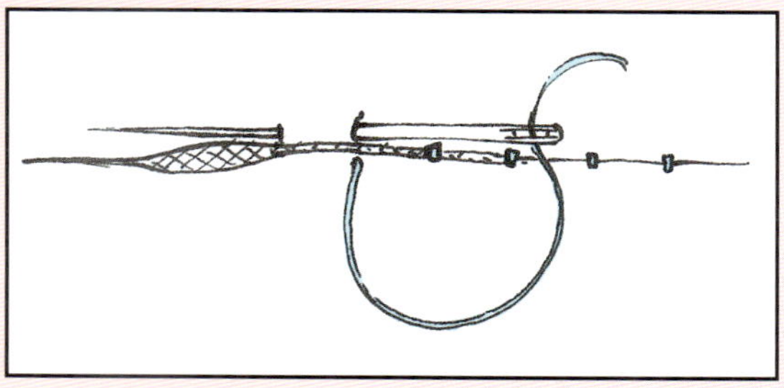

VERSCHLÜSSE

Verschlüsse müssen sich leicht bedienen lassen und zuverlässig halten. Das heißt aber nicht, dass sie langweilig aussehen müssen. Halten Sie die Augen nach neonfarbenen Reißverschlüssen, hübschen Knöpfen oder alten Bakelit-Schnallen offen. Auch Magnet- und Federverschlüsse sind praktisch.

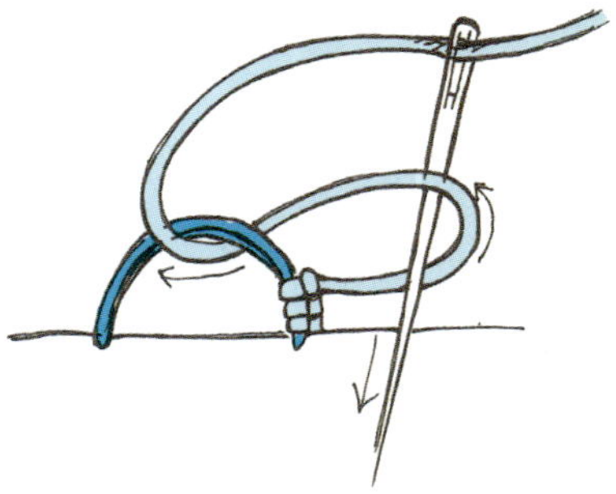

KNOPFSCHLAUFE

So eine traditionelle Schlaufe dient als Verschluss des Reisenähetuis (siehe Seite 74). Ein Bogen aus zwei lockeren Stichen wird dicht an dicht mit kleinen Knopflochstichen umstickt. Sie beginnen unten rechts und führen für jeden Stich die Nadel von hinten nach vorn unter dem Bogen hindurch und dann von oben nach unten durch die Schlaufe. Den Faden vorsichtig festziehen. Dabei bildet sich auf der Außenseite des Bogens ein kleines Knötchen. Fortlaufend bis zum linken Ende des Bogens wiederholen.

REISSVERSCHLÜSSE

Das Einnähen eines Reißverschlusses in eine Federtasche oder Laptophülle ist einfach, weil der Reißverschluss – anders als bei Kleidung – nicht versteckt werden muss. Ich setze Reißverschlüsse manchmal sogar bewusst als Farbakzent ein. Bei den Reißverschlusstaschen auf Seite 66 sehen Sie, wie gut das Neonpink zu dem Blumenstoff passt. Das Einnähen ist bei allen Modellen mit Reißverschluss ausführlich erklärt. Wenn Sie sorgfältig heften und langsam nähen, sollten Sie keine Schwierigkeiten haben. Reißverschlüsse bestehen aus zwei Trägerbändern mit Zähnchen aus Kunststoff oder Metall, die durch den Schieber miteinander verbunden oder voneinander getrennt werden. Heften Sie die Stoffkante sorgfältig an das Trägerband und setzen Sie zum Nähen immer den Reißverschlussfuß ein. Mit ihm können Sie ganz nahe an den Füßchen steppen. Bevor Sie starten, bringen Sie die Nadel in die richtige Position. Wie es gemacht wird, entnehmen Sie bitte dem Handbuch zu Ihrer Nähmaschine. Mit Garn in der Farbe des Stoffes nähen und beide Nahtenden mit einigen Rückwärtsstichen verriegeln.

Achten Sie darauf, in gleichmäßigem Abstand neben den Zähnchen zu nähen. Kurz bevor der Schieber erreicht ist, anhalten, die Nadel einstechen und den Nähfuß anheben. Den Schieber hinter die Nadel schieben, den Nähfuß senken und die Naht beenden. Stechen Sie nicht in den Riegel, der die beiden Enden des Reißverschlusses verbindet.

KLETTVERSCHLÜSSE

Mit diesem praktischen Verschluss kommen auch Kinder leicht zurecht. In diesem Buch wird er für den Frühstücksbeutel (siehe Seite 132) und das Lätzchen (siehe Seite 150) verwendet. Neben Klettband vom Meter gibt es auch runde Klettpunkte zu kaufen. Eine Seite ist mit flauschigen Schlaufen bedeckt, die andere mit kleinen Häkchen. Zum Verschließen werden sie einfach aufeinandergedrückt. Die beiden Seiten trennen. Die flauschige Seite ans Unterteil und die Häkchenseite ans Oberteil heften, dann ringsherum knappkantig mit farblich passendem Garn festnähen.

GRIFFE & HENKEL

Sorgfältig gearbeitete Griffe werten eine Tasche auf. Für manche Modelle verwende ich robustes Baumwollband, das es in verschiedenen Stärken, Breiten und Farben gibt. Andere Taschen haben genähte Griffe aus passendem oder kontrastfarbenem Stoff. Ein Stoffschlauch mit einem innen liegenden Gummiband hält die Schlafmaske von Seite 78 fest. Ohne Gummiband würde sich so ein Schlauch auch als Griff für die Minihandtasche auf Seite 120 eignen.

GLATTER HENKEL

Für einen glatten Taschenhenkel schneiden Sie einen Streifen zu, der 2 cm länger und breiter als der fertige Henkel ist. Beide Längskanten 1 cm nach links umbügeln, dann den Streifen zur Hälfte falten und bügeln. Öffnen und die Schmalseiten 1 cm nach links einschlagen. Wieder der Länge nach zusammenfalten und mit passendem Garn knappkantig ringsherum absteppen.

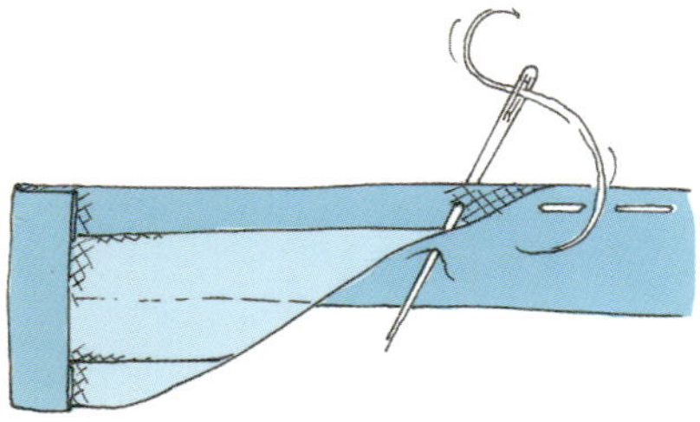

VERSTÄRKUNGSSTICHE

Damit das Ende eines Griffes auf der Tasche gut hält, muss es mit mehr als einer einfachen Naht befestigt werden. Das Ende des Griffes festheften. Durch Tasche und Henkel ein kleines Quadrat steppen, dabei an der oberen rechten Ecke beginnen und genau auf den Stepplinien des Henkels nähen. Schräg abwärts zur unteren linken Ecke steppen, entlang der Unterkante des Quadrats, schräg aufwärts zur oberen rechten Ecke und entlang der Oberkante des Quadrats. Das Nahtende verriegeln. Sie können sich das Quadrat mit den Diagonalen auf dem Ende des Griffs vorzeichnen. Wenn Sie den Stoff nicht so oft drehen möchten, nutzen Sie den Rückwärtshebel oder -knopf Ihrer Nähmaschine.

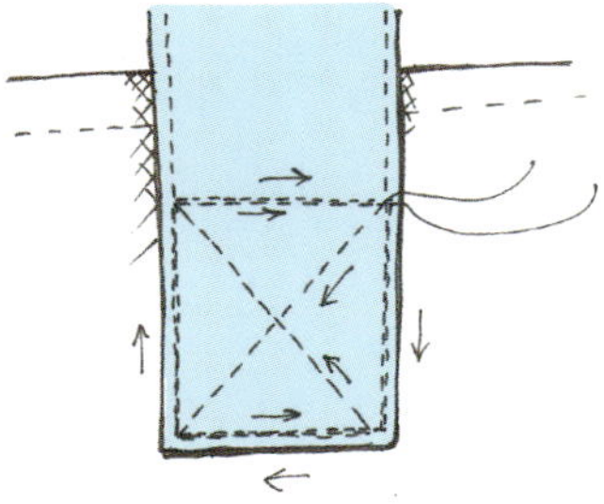

SCHMALER HENKEL

Den Stoffstreifen rechts auf rechts kantengenau zusammenstecken und die Längskanten mit 5–10 mm Nahtzugabe (je nach Stoffstärke) zusammensteppen. Die Naht zum Ende hin schräg auslaufen lassen. Die Nahtzugaben auf 3 mm zurückschneiden. Einen kurzen, stabilen Faden in eine Sticknadel ohne Spitze einfädeln, an der Ecke befestigen und die Enden verknoten. Die Nadel langsam durch den Stoffschlauch führen – dabei wird der Schlauch allmählich auf rechts gewendet. Für breitere Schläuche können Sie eine Sicherheitsnadel verwenden. Wer oft näht, kann sich im Fachgeschäft einen langen, schlanken Schlauchwender mit einem Haken an einem Ende besorgen.

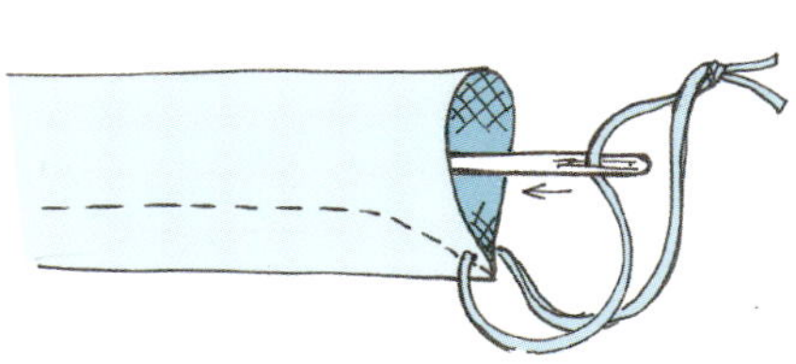

WOHNEN

leicht

KISSEN MIT BOGENKANTE

Klassiker kommen nie aus der Mode. Kissenbezüge sind ganz einfach zu nähen und auch die flache, gleichmäßige Bogenkante ist nicht schwierig. Weil dieser Bezug aus dünnem Stoff genäht wird, brauchen Sie die Nahtzugabe nur zurückzuschneiden, damit sie nach dem Wenden schön glatt liegt. Bei dickerem Stoff müssten Sie die Nahtzugabe mit vielen kleinen Einschnitten versehen.

MATERIAL & ZUBEHÖR

VORLAGE AUF SEITE 154–155

110 × 130 cm leichter Baumwollstoff
Passendes Nähgarn
Kissenfüllung, 75 × 50 cm
Nähmaschine
Nähkasten
Langes Quiltlineal

GRÖSSE

Für ein Kissen von 75 × 50 cm

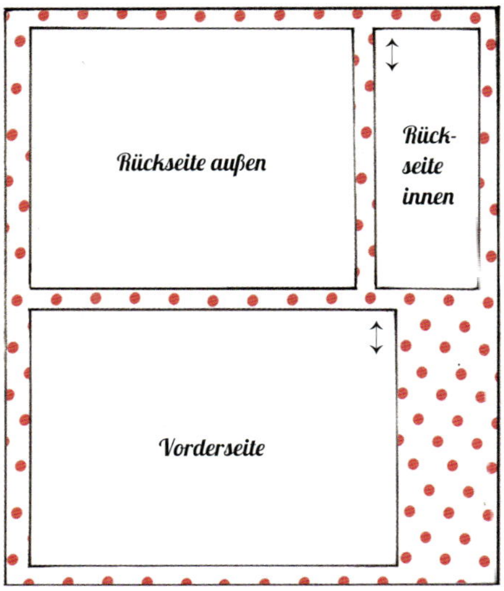

ZUSCHNEIDEN

Neue Stoffe vor dem Zuschneiden waschen, damit sie später nicht mehr einlaufen, und sorgfältig bügeln.

- 1 Vorderseite, 85 × 62 cm
- 1 äußere Rückseite, 75 × 62 cm
- 1 innere Rückseite, 25 × 62 cm

DER RICHTIGE STOFF

Verwenden Sie einen dünnen, feinfädigen Stoff. Ich habe ein rot-weiß gepunktetes Sommerhalstuch recycelt, ein anderer Stoff aus reiner Baumwolle eignet sich ebenso gut. Alte Bettlaken sind durch viele Wäschen herrlich weich – und ein selbst genähter Kissenbezug ist ein nettes Geschenk.

Tipp … Benutzen Sie für alle Arbeitsschritte reichlich Stecknadeln, damit sich die dünnen Stofflagen nicht verschieben können.

SO WIRD ES GEMACHT

DAS SCHNITTMUSTER ZEICHNEN

Die Vorlage auf Seite 154–155 zeigt nur ein Viertel der Vorderseite. Einen Bogen Papier (90 × 70 cm) erst längs, dann quer falten, um ihn zu vierteln. Wieder ausbreiten. Die Vorlage nacheinander auf jedes Viertel legen und die Bogenkanten übertragen. Die geraden Kanten der Vorlage dabei an den Kniffen im Papier ausrichten. Das Schnittmuster ausschneiden.

DIE TEILE VORBEREITEN

01 Das Schnittmuster mittig auf die linke Seite des Stoffes für die Vorderseite legen und die Bogenkante mit einem selbstlöschenden Textilstift nachzeichnen. An einer Schmalseite der äußeren Rückseite und an einer Längsseite der inneren Rückseite einen 1 cm breiten doppelten Saum umbügeln und steppen.

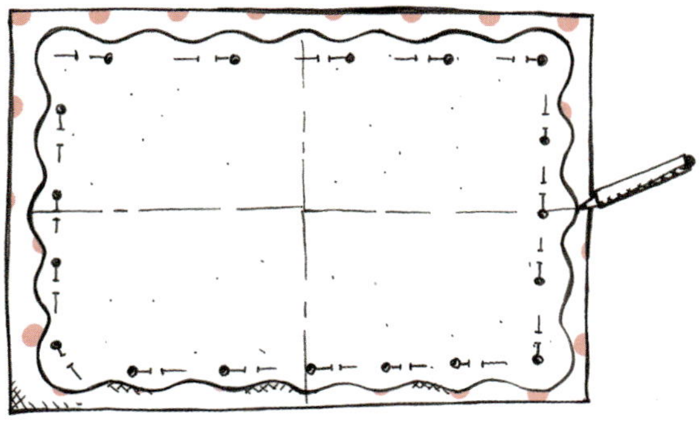

01

DIE LAGEN ZUSAMMENSTECKEN

Die Vorderseite auf der Arbeitsfläche ausbreiten, die rechte Stoffseite liegt oben. Die äußere Rückseite rechts auf rechts auf die linke Seite legen und die Kanten genau ausrichten.

02 Die innere Rückseite kantengenau rechts auf rechts auf die rechte Seite des Vorderteils legen. Die gesäumten Kanten überlappen einander. Die drei Teile zusammenstecken, die Stecknadeln liegen parallel zu den Kanten.

02

DIE BOGEN NÄHEN

03 Wenden und auf der anderen Seite eine zweite Runde Stecknadeln 2 cm innerhalb der gewellten Kontur feststecken. Nun Vorder- und Rückseiten sorgfältig auf der angezeichneten Bogenlinie zusammennähen.

04 Die Nahtzugaben entlang der Bogenlinie auf 3–4 mm zurückschneiden. Das Kissen auf rechts wenden und die Naht entlang der Rundung mit den Fingern so schieben, dass sie exakt an der Kante verläuft. Die Bogenkante bügeln.

DAS INNERE RECHTECK STEPPEN

05 Mit einem langen Quiltlineal und dem selbstlöschenden Textilstift ein Rechteck auf den Kissenbezug zeichnen. Der Abstand zu den höchsten Punkten der Bogen beträgt 2 cm.

Die Lagen 2 cm innerhalb der Linie zusammenstecken, dann 5 mm innerhalb der Linie heften. Mit der Maschine auf der Linie steppen. Nadeln und Heftfäden entfernen. Kissenfüllung hineinschieben.

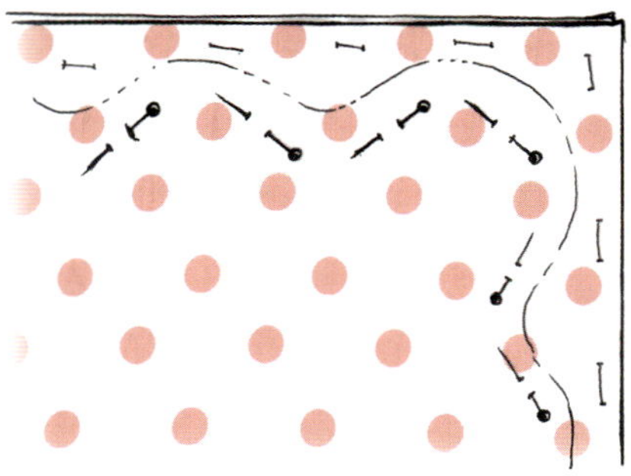
03

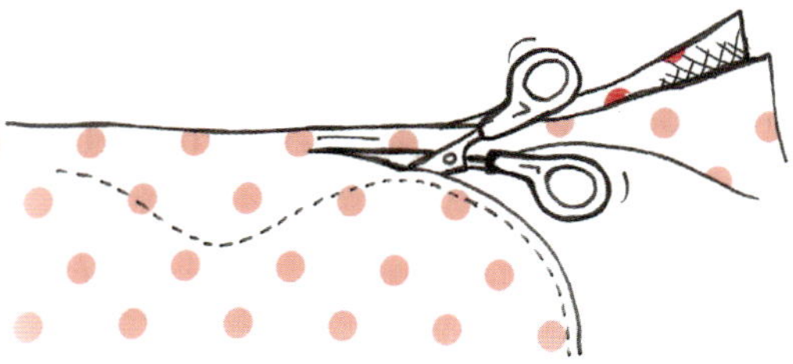
04

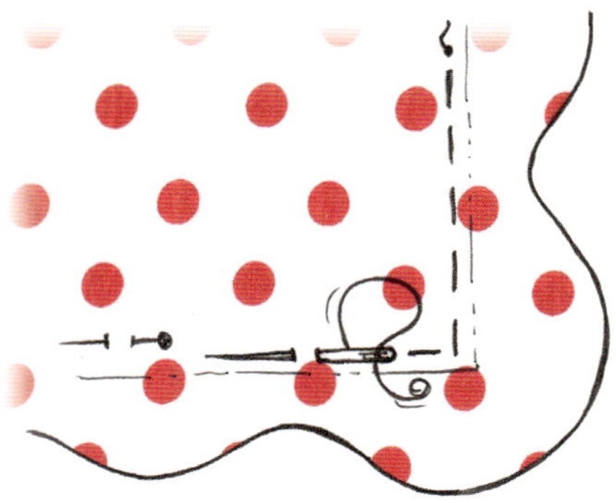
05

DA GEHT NOCH MEHR

Für ein Kissen mit klassischem Stehsaum lassen Sie die Bogen einfach weg. Die Lagen wie in Zeichnung 2 zusammenstecken, dann die äußeren Kanten mit 1 cm Nahtzugabe zusammennähen. Die Nahtzugaben an den Ecken schräg abschneiden, wenden, das innere Rechteck aufzeichnen und steppen.

leicht

KOSMETIKTÜCHERBOX

Viel länger als eine Stunde brauchen Sie nicht, um diese praktische Hülle zu fertigen. Und Sie lernen ganz nebenbei, wie Sie anhand der Abmessungen Ihrer Schachtel ein eigenes Schnittmuster zeichnen.

MATERIAL & ZUBEHÖR

Ca. 80 × 20 cm Stoff in mittlerer Stärke
Passendes Nähgarn
Nähmaschine
Nähkasten
Kariertes Schnittmusterpapier

ZUSCHNEIDEN

2 Hauptteile und 2 Seitenteile

MASSNEHMEN

Um die Hülle für Ihre Papiertücherbox maßzuschneidern, müssen Sie ein bisschen rechnen. Zuerst die Breite (B), Tiefe (T) und Höhe (H) der Box messen und aufschreiben. Die Abmessungen der Hauptteile sind H + ½ T + 3 cm × B + 3 cm. Die Abmessungen der Endstücke sind B + 3 cm × T + 3 cm. Die Vierecke auf Schnittmusterpapier zeichnen und ausschneiden.

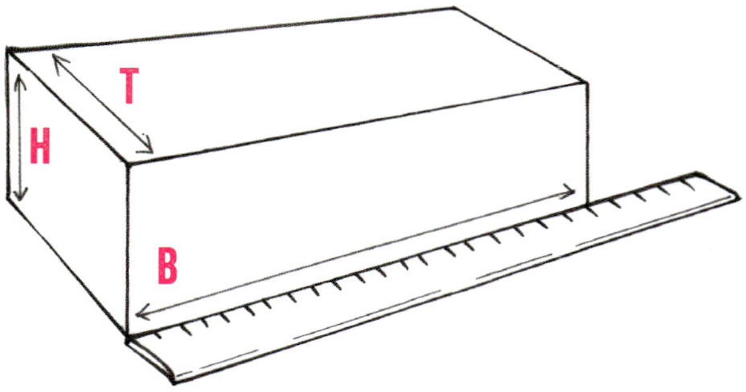

DER RICHTIGE STOFF

Ein schönes Muster steht dem rechteckigen Kasten gut. Achten Sie aber beim Zuschneiden darauf, dass die Muster der einzelnen Teile gut zusammenpassen. Ich habe hier eine alte Gardine recycelt.

Tipp … Schneiden Sie zuerst Schnittmuster aus Papier zu, um genau zu ermitteln, wie viel Stoff Sie brauchen. Beim Zuschneiden die Oberkante aller Schnittmuster auf gleicher Höhe im Stoffmuster anlegen.

SO WIRD ES GEMACHT

DEN STOFF VORBEREITEN

Die Ober- und Seitenkanten aller Teile mit Overlock- oder Zickzackstich versäubern. Mit einem selbstlöschenden Textilstift und einem transparenten Lineal die Nahtlinie in 1,5 cm Abstand zu Ober- und Seitenkanten der Endstücke und zu den Seitenkanten der Hauptteile anzeichnen.

01

DIE ÖFFNUNG VERSÄUBERN

01 Die beiden Hauptteile rechts auf rechts entlang der Oberkante zusammenstecken. In 5 cm Abstand zu jeder Ecke einen Punkt anzeichnen. Die Kanten mit 1,5 cm Nahtzugabe von der Ecke bis zur Markierung zusammennähen. *(Je nach Größe der Box müssen diese Nähte eventuell etwas länger sein.)*

02 Die Nahtzugaben – auch entlang der Öffnung – auseinanderbügeln. Die Öffnung von rechts in 6 mm Abstand zu den umgebügelten Kanten absteppen und an den Schmalseiten die Enden der Öffnung mit einigen Vorwärts- und Rückwärtsstichen verstärken.

02

DIE HÜLLE NÄHEN

03 Ein Endstück quer zur Hälfte falten und in der Mitte der Oberkante eine Stecknadel einstecken. Das Endstück an die zusammengesetzten Hauptteile stecken, die Markierungsnadel liegt an der Naht. Die unteren Ecken zusammenstecken. Die Oberkanten der beiden Teile bis zur linken Ecke knapp innerhalb der angezeichneten Nahtlinie zusammenheften. Hier das Hauptteil 1 cm einschneiden, damit es sich um die Ecke legen lässt. Die Seitenkante heften. Auf der anderen Seite ebenso verfahren. Auf der Nahtlinie zusammensteppen, dabei liegt das Hauptteil oben. An der ersten Ecke den Nähfuß anheben, den Stoff bei eingestochener Nadel um 90 Grad drehen, die Naht bis zur nächsten Ecke fortsetzen. Wiederholen und die Naht beenden. Das andere Endstück ebenso einsetzen. Die Nahtzugaben an den Ecken schräg abschneiden, alle Nahtzugaben auseinanderbügeln. Die Unterkante mit Zickzack- oder Overlockstich versäubern. Einen 1,5 cm breiten Saum einschlagen, heften und feststeppen. Die Hülle wenden und über die Schachtel stülpen.

03

mittel

KISSEN MIT PILZEN

Für dieses rechteckige Kissen mit den niedlichen Applikationen brauchen Sie vier Stoffe mit unterschiedlich großen Punkten. An der dekorativen Stickerei können Sie gleich mehrere Stiche üben: Spannstich an den Kanten, Punkte aus Plattstich, Margeritenstich und Kettenstich für die Blumen und umschlungenen Kettenstich entlang der Nahtlinie.

MATERIAL & ZUBEHÖR

VORLAGEN AUF SEITE 158–159

55 × 45 cm Baumwollstoff in Dunkelgrün mit Punkten
45 × 25 cm ungebleichtes Leinen
Je ca. 15 × 15 cm Baumwollstoff in Beige, Türkis, Rot und Rosa, alle mit Punkten
45 × 20 cm Haftvlies
Baumwollsticktwist in Beige, Türkis, Rot, Rosa, Gelb, Mittelblau und Grasgrün
Passendes Nähgarn
Kissenfüllung, 40 × 30 cm
Nähmaschine
Nähkasten

GRÖSSE

40 × 30 cm

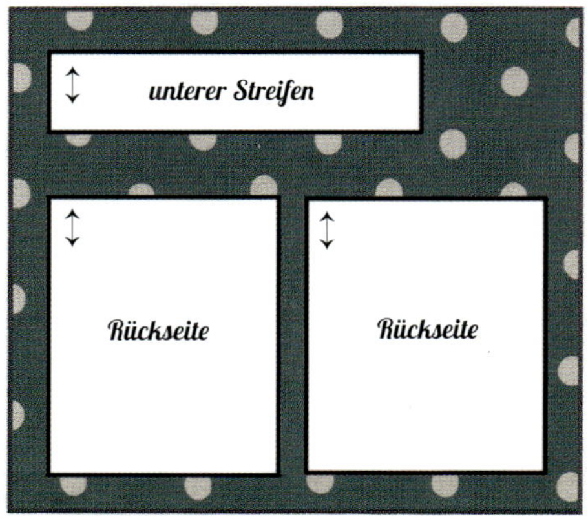

ZUSCHNEIDEN

AUS LEINEN

- 1 Hauptteil, 40 × 23 cm

AUS DUNKELGRÜNEM STOFF MIT PUNKTEN

- 1 unterer Streifen, 40 × 9 cm
- 2 Rückseitenteile, 25 × 30 cm

DER RICHTIGE STOFF

Verwenden Sie für die Applikationen Stoffe mit verschiedenen Strukturen. Ein Leinengeschirrtuch gibt einen guten Hintergrund ab.

DA GEHT NOCH MEHR *Die applizierten Pilze sehen als Gruppe niedlich aus. Sie machen aber auch solo eine gute Figur - zum Beispiel auf einer einfarbigen Einkaufstasche oder einer Babydecke.*

LEICHT GEMACHT

Die Handstickerei sieht hübsch aus. Wenn es schneller gehen soll, nähen Sie die Applikationen mit der Maschine mit engen Zickzackstichen und passendem Nähgarn auf.

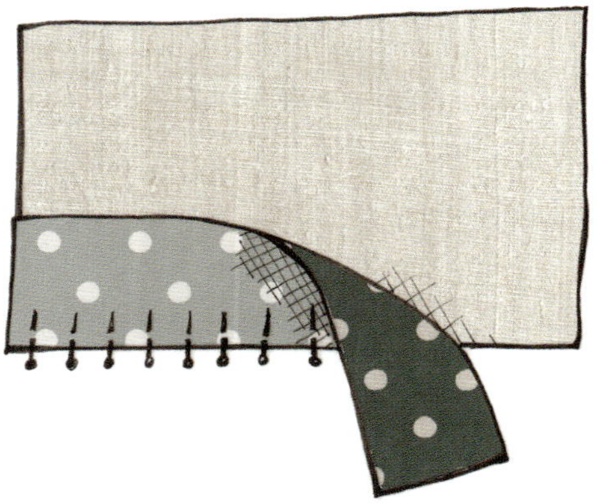

01

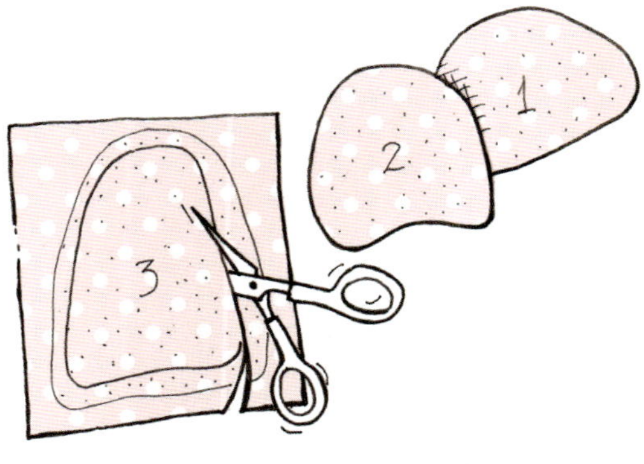

02

03

SO WIRD ES GEMACHT

DIE VORDERSEITE VORBEREITEN

01 Den unteren dunkelgrünen Streifen an die Unterkante des Hauptteils aus Leinen stecken. Beide liegen mit der rechten Stoffseite nach unten. Zusammenstecken, dann mit der Maschine mit 1 cm Nahtzugabe zusammennähen. Die Nahtzugabe zum dunkelgrünen Stoff bügeln.

DIE PILZE APPLIZIEREN

Die Pilze von Seite 158–159 auf die Papierseite des Haftvlieses übertragen und die sechs Einzelteile nummerieren. Die Formen grob ausschneiden.

02 Das Haftvlies mit der beschichteten Seite nach unten auf die linke Stoffseite der anderen gepunkteten Stoffe bügeln: Die Stiele auf Stoff in Beige, Hut 1 auf Stoff in Türkis, Hut 2 auf Stoff in Rot und Hut 3 auf Stoff in Pink. Alle Formen exakt auf der Bleistiftlinie ausschneiden.

03 Das Trägerpapier abziehen, dabei die Stiele nicht vertauschen. Die Stiele auf das Leinen legen und die Hüte darüber platzieren. Die Abstände zwischen den Pilzen und zu den Stoffkanten müssen mindestens 2 cm betragen. Wenn alles nach Wunsch angeordnet ist, die Teile mit einem heißen Bügeleisen und einem Bügeltuch auf den Hintergrund bügeln.

BESTICKEN

04 Die Ovale auf den Pilzhüten mit einem spitzen Bleistift oder einem selbstlöschenden Textilstift vorzeichnen. Mit dreifädigem Baumwollsticktwist in einer passenden Farbe die Pilzhüte mit Spannstichen umsticken. Die Stiche sollen ca. 4 mm lang sein, in gleichmäßigen Abständen und im rechten Winkel zur Motivkante gestickt werden.

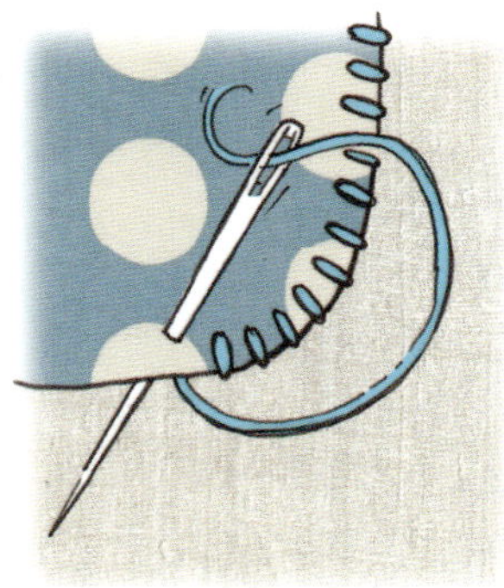
04

05 Die Ovale mit Plattstich aussticken. Dabei die Stichlängen so variieren, dass sie der Kontur entsprechen. Die Stiele mit dreifädigem Baumwollsticktwist in Beige umsticken.

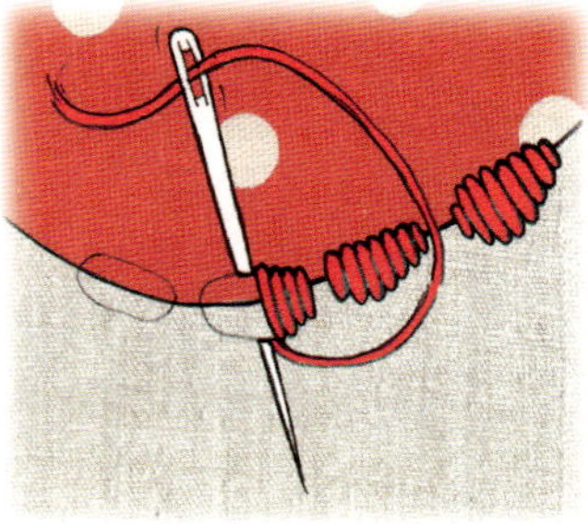
05

06 Zuletzt die Blumen unter den Pilzen vorzeichnen. Die Stiele mit dreifädigem Baumwollsticktwist in Grasgrün im Kettenstich sticken. Die Blüten werden mit ungeteiltem (sechsfädigem) Baumwollsticktwist im Margeritenstich mit einem Knötchenstich in der Mitte gestickt. Die Farben selbst auswählen oder an der Abbildung auf Seite 33 orientieren.

06

Auf der Ansatznaht des unteren Stoffes eine Reihe Kettenstiche in Rosa sticken und mit grasgrünem Garn umschlingen. Auf Seite 18–19 sind alle Stiche genau erklärt.

DIE RÜCKSEITE NÄHEN

07 An jedem Teil für die Rückseite eine 30 cm lange Kante einfach säumen. Ein Rückseitenteil rechts auf rechts auf die Vorderseite legen, Ober und Unterkanten sowie die rechte Kante ausrichten. Feststecken. Das andere Rückseitenteil ebenso an die linke Seite stecken.

Die Kanten ringsherum mit der Maschine mit 1 cm Nahtzugabe zusammennähen. Die Nahtzugaben an den Ecken schräg abschneiden, dabei 3 mm Abstand zur Naht halten. Den Bezug auf rechts wenden, die Ecken herausdrücken. Bügeln und die Kissenfüllung hineinschieben.

07

Tipp … **Damit die Punkte auf der Rückseite zusammenpassen, säumen Sie an einem Teil die linke Kante und am anderen die rechte.**

leicht

BESTICKTES KISSEN

Zum Sticken ist normalerweise etwas Geduld nötig, aber dieses Kissen eignet sich auch für Eilige. Wählen Sie einfach ein paar interessante Motivelemente auf dem Stoff aus und sticken Sie die Umrisse mit passendem Garn nach: viel Wirkung mit wenig Aufwand – und Sie können ganz sicher sein, dass jedes Kissen ein Unikat wird.

MATERIAL & ZUBEHÖR

50 × 50 cm gemusterter Baumwollstoff in mittlerer Stärke für die Vorderseite
55 × 40 cm Baumwollstoff in mittlerer Stärke für die Rückseite (gepunktet oder in Kontrastfarbe)
Baumwollsticktwist in passenden Farben
Passendes Nähgarn
Paspel, 150 cm lang, 4 mm breit
Kissenfüllung, 35 × 35 cm
Nähmaschine
Nähkasten
Sticknadel
Stickrahmen (nach Belieben)
Reißverschlussfuß

GRÖSSE

35 × 35 cm

ZUSCHNEIDEN

AUS DEM STOFF FÜR DIE RÜCKSEITE

2 Rückseiten, 25 × 37 cm

DER RICHTIGE STOFF

Wichtig sind klare Konturen. Wir haben das Muster »Brighten Up Your Day« aus der Cath-Kidston-Kollektion verwendet.

01

SO WIRD ES GEMACHT

VORDERSEITE VORBEREITEN

Auf dem gemusterten Stoff ein Quadrat mit 37 cm Kantenlänge anzeichnen, in dem sich interessante Motivelemente befinden. Noch nicht zuschneiden! Beim Sticken nahe am Rand ist etwas Stoff außerhalb der Kissengrenzen notwendig. Wer möchte, spannt den Bereich, der bestickt werden soll, in einen Stickrahmen ein.

KONTUREN STICKEN

Einige Stiche zum Sticken sind auf Seite 18–19 zu finden. Nach Belieben können aber auch andere bekannte Stickstiche benutzt werden.

01 Rückstiche eignen sich gut für unregelmäßige Linien. Für Kurven und Schriftzüge wie in diesem Stoffmuster sollen die Stiche etwa 4 mm lang sein.

DA GEHT NOCH MEHR

Sie können auch andere genähte Modelle auf diese Weise verzieren, etwa indem Sie die Vögel auf der Henkeltasche (siehe Seite 90) oder die Blüten auf der Handtasche (siehe Seite 94) nachsticken. Entscheiden Sie selbst, ob Sie farblich abgestimmtes Stickgarn oder eine Kontrastfarbe verwenden möchten.

Tipp … Wenn die Stickerei ins Auge fallen soll, sticken Sie mit sechsfädigem Sticktwist. Für feinere Linien das Stickgarn teilen und mit drei Fäden arbeiten.

02

03

04

02 Die Blumen im Kettenstich nachsticken, er ergibt eine dicke Linie. Die Form gelingt exakter, wenn die Kontur nicht als durchgehende Linie gestickt, sondern jedes Blütenblatt einzeln gearbeitet wird. Kettenstich eignet sich auch für gerade Linien wie die Ränder der Postkarten.

DIE BLÄTTER AUSFÜLLEN

03 Fliegenstich ergibt ein Fischgrätmuster, das sich bestens für Blätter eignet. Mit grünem Garn sticken und die Längen der einzelnen Stiche der Kontur anpassen. Jeder Stich beginnt und endet an der »Mittelrippe«.

AKZENTE SETZEN

04 Knötchenstich ergibt kleine farbige Punkte. Damit werden einige Blütenmitten ausgefüllt.

DAS KISSEN NÄHEN

05 Ist die Stickerei fertig, den Stoff auf der Bleistiftlinie auf ein Maß von 37 × 37 cm zuschneiden. Das Band der Paspel rechts auf rechts exakt an der Kante feststecken, an der Unterkante beginnen. Das Band an den Ecken vorsichtig einschneiden. Die Enden der Paspel übereinanderlegen und bündig zur Stoffkante abschneiden.

05

06 An jedem Rückseitenteil eine Längskante 1 cm breit einfach säumen. Ein Teil rechts auf rechts an die linke Seite der Kissenoberseite stecken, dabei die Stoffkanten genau ausrichten. Das andere Teil an die rechte Seite stecken.

06

Den Reißverschlussfuß in die Nähmaschine einsetzen, damit Sie nah an der Paspel steppen können. Rings um die Außenkante des Bezugs steppen. Die Nahtzugabe muss so breit sein wie das Band der Paspel. Die Nahtzugaben an den Ecken schräg abschneiden (siehe Seite 15), damit sie sich später nicht abzeichnen. Den Bezug wenden und die Ecken herausdrücken. Vorsichtig bügeln, dann die Kissenfüllung hineinschieben.

Tipp ... Kissenbezüge müssen von Zeit zu Zeit gewaschen werden. Am besten den Stoff vor dem Zuschneiden waschen und bügeln, damit er später nicht einläuft. Achten Sie unbedingt darauf, hochwertiges, farbechtes Stickgarn zu verwenden.

leicht

HÄNGEUTENSILO

Praktische Aufbewahrungslösungen kann man nie genug haben. Dieses nostalgische Utensilo macht sich im Bad für Shampooflaschen und Haarbürsten nützlich. In der Küche können Sie Putzmittel darin verstauen.

MATERIAL & ZUBEHÖR

140 × 50 cm Stoff in mittlerer Stärke
(bei einem Muster mit Rapport eventuell mehr)
Schrägband oder flexible Borte, 4 m lang, 15 mm breit
Nähgarn in der Farbe des Schrägbands
Holzkleiderbügel, 33 cm breit, abgerundete Enden
Nähmaschine
Nähkasten

GRÖSSE

Ca. 36 × 40 cm

LEICHT GEMACHT

Für einen Klammerbeutel einfach einen 42 × 25 cm großen Streifen ohne Falten aufnähen.

ZUSCHNEIDEN

TASCHENSTREIFEN UND RÜCKSEITE SO ZUSCHNEIDEN, DASS DAS MUSTER SYMMETRISCH LIEGT.

- 1 Taschenstreifen, 74 × 20 cm
- 1 Rückseite, 42 × 36 cm
- 1 Oberteil, 42 × 10 cm

SO WIRD ES GEMACHT

TASCHEN ANZEICHNEN

Die Oberkante des Taschenstreifens mit Schrägband oder Borte einfassen (siehe Seite 17). Quer zur Hälfte falten und die Mitte der Oberkante mit einer Stecknadel markieren. Zwei weitere Nadeln im Abstand von 19 cm zu den Ecken in die Kante stecken. Die Rückseite quer zur Hälfte falten. Die Mitte der Unterkante markieren und zwei weitere Stecknadeln in Abständen von 11 cm zu den Ecken in die Unterkante stecken.

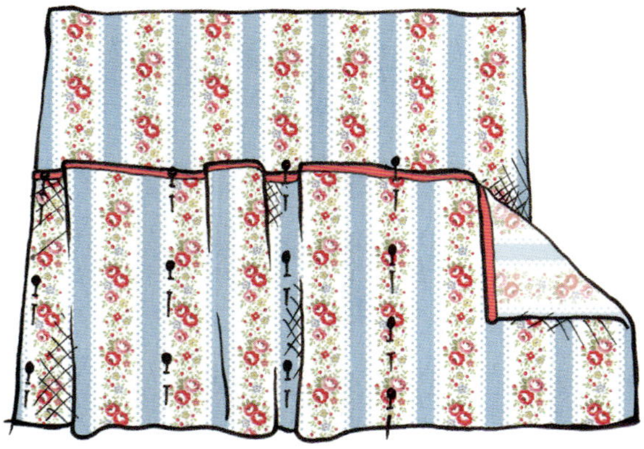

01

01 Die Rückseite ausbreiten, den Taschenstreifen auf den unteren Bereich legen. Beide Stoffe zeigen mit der rechten Seite nach oben. Die Markierungsnadeln aufeinander ausrichten und die Stoffe an diesen Positionen zusammenstecken. Darüber weitere Nadeln in denselben Streifen stecken. Die Seitenkanten zusammenstecken.

Tipp ... Das Utensilo ist für einen 33 cm breiten Kleiderbügel konstruiert. Für größere Bügel Rückseite und Taschenstreifen einfach verbreitern.

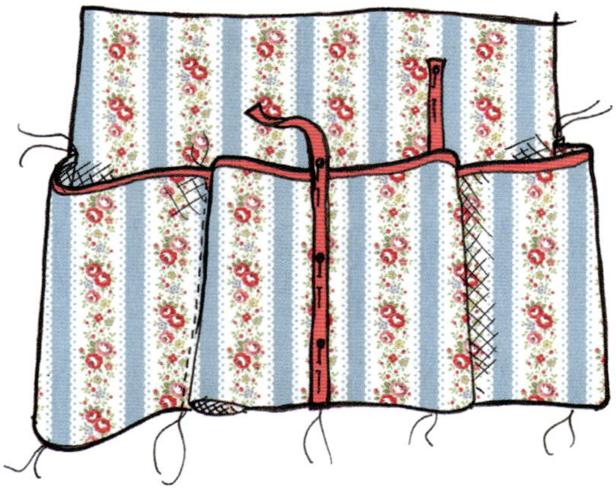

02

03

DIE TASCHEN ABSTEPPEN

Den Taschenstreifen auf den drei Trennlinien feststeppen. Dabei dem Streifenverlauf folgen, damit die Nähte gerade werden. Die Seiten mit 1 cm Nahtzugabe zusammennähen.

02 Drei 30 cm lange Stücke Schrägband oder Borte zuschneiden. Auf die Teilungsnähte und weiter auf die Rückseite stecken. Der Abstand zur Oberkante beträgt 6 mm. Heften. Mit passendem Garn in 5 mm Abstand zu beiden Kanten auf das Schrägband steppen. Alle sechs Nähte von oben nach unten nähen, damit sich keine Wellen bilden.

DIE FALTEN EINLEGEN

03 An den Ecken der Taschen 2 cm tiefe Falten einlegen und so feststecken, dass die Bruchkanten das Schrägband verdecken. Die äußeren Taschenkanten auf den Nahtlinien ausrichten. Die Falten durch alle Stofflagen sorgfältig heften. Dann in 6 mm Abstand zur Unterkante steppen.

DAS OBERTEIL ANSETZEN

04 Die Unterkante des Oberteils einfassen. Mit der rechten Stoffseite nach oben auf die Arbeitsfläche legen. Den Kleiderbügel 5 mm unter der Oberkante darauflegen. Die obere Kontur des Bügels mit einem selbstlöschenden Textilstift nachzeichnen und die Linie zu den Seitenkanten verlängern. Die Position des Hakens anzeichnen.

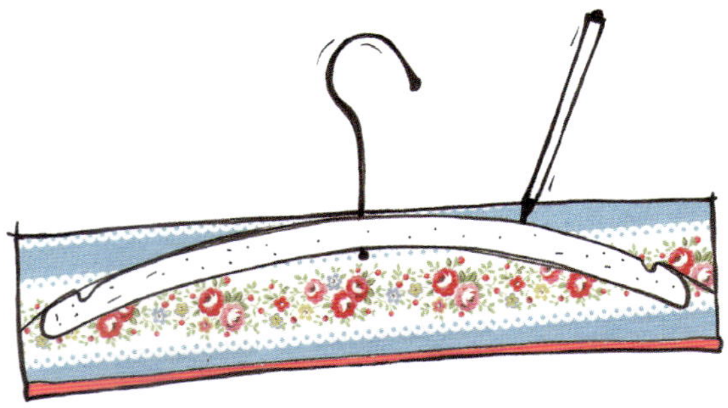

04

Das Oberteil oben auf die rechte Seite der Rückseite stecken und auf der vorgezeichneten Linie durch beide Lagen steppen. An der Markierung eine 1 cm große Öffnung für den Haken lassen. Die Seiten mit 5 mm Nahtzugabe zusammennähen. Die Stoffe 5 mm oberhalb der gekrümmten Nahtlinie abschneiden.

FERTIGSTELLUNG

05 Auf die unteren Ecken eine große Münze legen, die Rundung nachzeichnen und ausschneiden. (Die abgerundeten Nahtzugaben lassen sich leichter einfassen.)

05

Das restliche Schrägband um die gesamte äußere Kante des Utensilos nähen. Eine genaue Anleitung zum Einfassen ist auf Seite 17 zu finden. In 1 cm Abstand zur Öffnung in der oberen Mitte beginnen und enden. Die Schmalseiten des Schrägbands einschlagen.

06 Den Kleiderbügel unter das Oberteil schieben und den Haken durch die Öffnung führen. Den Bügel so zurechtrücken, dass er glatt in der Rundung sitzt. Die eingefasste gerade Kante an die Rückseite stecken und entlang der Innenkante der Einfassung von Hand oder mit der Maschine festnähen. Die eingeschlagenen Schmalseiten des Schrägbands vorn und hinten von Hand festnähen. Aus einem Rest Schrägband oder Borte eine Schleife um den Haken binden.

06

DA GEHT NOCH MEHR

Die geräumigen Taschen eignen sich auch für Schuhe. Einfach die Rückseite verlängern, einen zweiten Taschenstreifen aufnähen und in den Schrank oder an die Rückseite einer Tür hängen.

leicht

STOFFTABLETT

Diese niedlichen Stofftabletts sind in jeder Größe schnell und einfach zu nähen und auch als liebevolles Geschenk willkommen. Sie machen sich überall im Haus nützlich: für Schminkutensilien, Briefe, Stifte, Nähzeug, Kleingeld oder Schlüssel.

MATERIAL & ZUBEHÖR

VORLAGE AUF SEITE 156–157 (SIEHE UNTEN)

60 × 30 cm Stoff mittlerer Stärke
Passendes Nähgarn
Passepartoutkarton oder dicke Pappe, 14,5 × 14,5 cm
Nähmaschine
Nähkasten
Transparentes Quiltlineal

GRÖSSE

Die Vorlage hat das Format des kleinen Tabletts: ca. 20 × 20 × 5 cm Gesamtgröße mit einem 15 × 15 cm großen Boden. Das größere Tablett (im Hintergrund zu sehen) ist ca. 25 × 25 × 5 cm groß mit einer Pappeinlage von 19,5 × 19,5 cm. Dafür die Vorlage einfach vergrößern. Der hochgeschlagene Rand ist bei beiden Tabletts 5,5 cm breit.

ZUSCHNEIDEN

2 Teile à 30 × 30 cm (gemäß Vorlage)

DER RICHTIGE STOFF

Ich habe Vorder- und Rückseite aus demselben Stoff genäht. Wer es bunter mag, kann verschiedene gemusterte oder Uni-Stoffe kombinieren.

01

SO WIRD ES GEMACHT

NAHTLINIEN ANZEICHNEN

01 Anhand der Vorlage zwei Punkte »A« auf der linken Seite eines Stoffteils anzeichnen. Das andere Teil mit der rechten Seite nach oben auf die Arbeitsfläche legen. Mit einem transparenten Lineal und einem selbstlöschenden Textilstift in 5,5 cm Abstand zu jeder Kante eine Linie zeichnen.

Cath Kidston
PROVENCE™
Rose and Peony
2.54 fl oz

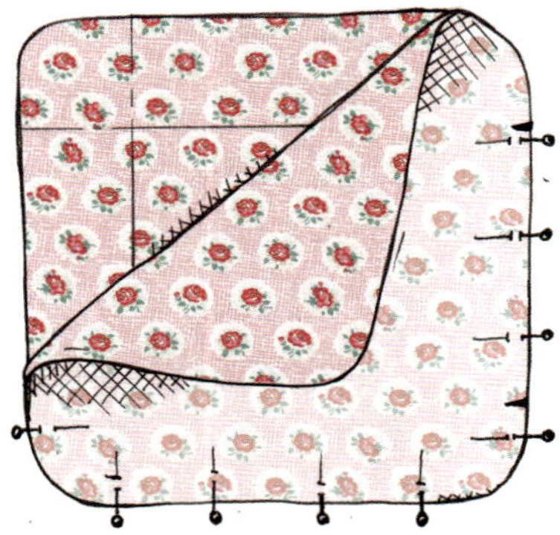

02

DIE TEILE ZUSAMMENSETZEN

02 Die Teile rechts auf rechts zusammenstecken, das Teil mit den angezeichneten Punkten »A« liegt oben. Die abgerundeten Ecken exakt ausrichten. Heften, dann ringsherum mit 6 mm Nahtzugabe zusammennähen, jedoch zwischen den beiden Markierungen offen lassen.

BÜGELN UND BESCHNEIDEN

03 Die Nahtzugaben entlang der Öffnung nach links bügeln, die übrigen Nahtzugaben ringsherum auf 3 mm zurückschneiden. Auf rechts wenden, die Nähte glatt streichen und vorsichtig bügeln.

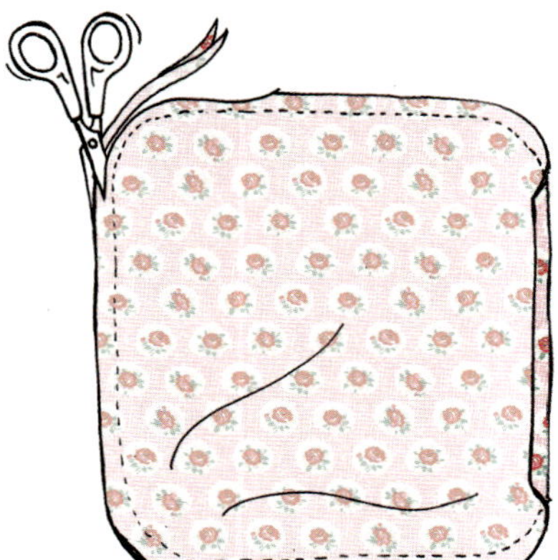

03

AUF DEN LINIEN ABSTEPPEN

04 Die Lagen knapp außerhalb von drei der angezeichneten Nahtlinien zusammenheften. Die Linie auf der Seite der Öffnung bleibt offen. Das Pappquadrat hineinschieben, dann auch knapp außerhalb der vierten Nahtlinie heften. Den Reißverschlussfuß montieren und auf den Linien steppen, damit die Pappe nicht verrutschen kann.

DIE AUSSENKANTE ABSTEPPEN

05 Die gebügelten Nahtzugaben an der Öffnung zusammenheften. Die Kante ringsherum absteppen. Dabei wird auch die Öffnung verschlossen.

ECKEN HOCHSTELLEN

06 Die erste Ecke so falten, dass die Nahtlinien an der Oberkante zusammentreffen. Mit doppeltem Nähgarn an dieser Stelle die beiden Seiten mit einigen Stichen zusammenhalten. An den anderen Ecken ebenso verfahren.

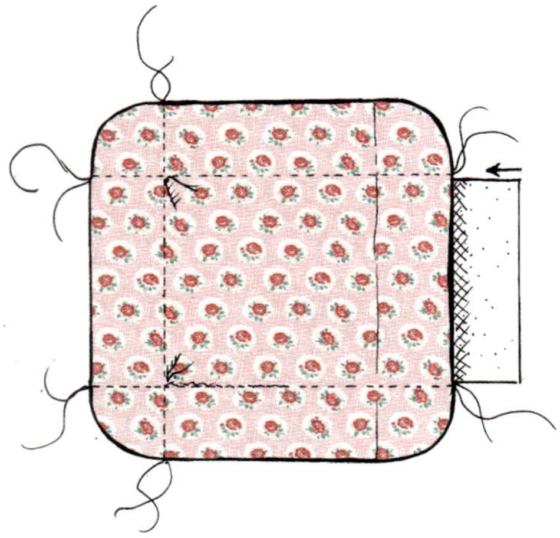

04

05

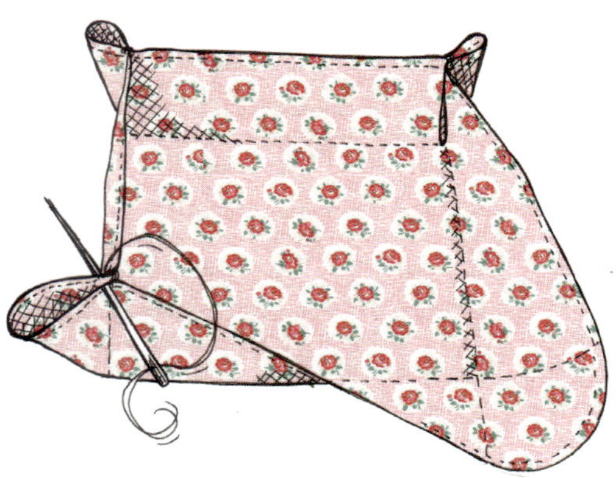

06

DA GEHT NOCH MEHR

Ein Schnittmuster nach eigenen Maßen ist leicht anzufertigen. Zuerst den Boden auf Karopapier zeichnen, dann in 5,5 cm Abstand zu jeder Seite eine Linie ziehen. Um die Ecken abzurunden, mit einem Zirkel Kreisbogen mit 5 cm Durchmesser zeichnen.

STOFFKÖRBCHEN

Ich finde, dass Alltagsgegenstände nicht langweilig aussehen müssen. Diese hübschen Behälter sorgen überall für Ordnung: auf dem Schreibtisch, im Nähzimmer, auf dem Schminktisch oder im Bad. Einsteiger können an ihnen üben, einen runden Boden an einen Stoffschlauch zu nähen.

MATERIAL & ZUBEHÖR

FÜR DAS GROSSE KÖRBCHEN

Je 80 × 30 cm Hauptstoff (gemustert) und Futterstoff (uni), beide in mittlerer Stärke

FÜR DAS KLEINE KÖRBCHEN

Je 65 × 25 cm Hauptstoff (gemustert) und Futterstoff (uni), beide in mittlerer Stärke

FÜR BEIDE KÖRBCHEN

VORLAGE AUF SEITE 155

10 × 6 cm Bügeleinlage, mittlere Stärke
7 × 3,5 cm flexibles, transparentes Plastik
Doppelseitiges Klebeband
Passendes Nähgarn
Nähmaschine
Nähkasten

GRÖSSE

Groß: 16 × 17 cm
Klein: 13 × 14 cm

ZUSCHNEIDEN

AUS HAUPTSTOFF UND FUTTERSTOFF

FÜR DAS GROSSE KÖRBCHEN

- 1 runder Boden, 18 cm Durchmesser
- 1 Seitenteil, 52 × 25 cm

FÜR DAS KLEINE KÖRBCHEN

- 1 runder Boden, 15 cm Durchmesser
- 1 Seitenteil, 43 × 20 cm

SO WIRD ES GEMACHT

DEN SCHILDHALTER NÄHEN

Der Schildhalter wird genauso genäht wie das Fenster des Gepäckanhängers. Die Anleitung mit Zeichnung ist auf Seite 116 zu finden. Dabei aber die Vorlage von Seite 155 und als Abdeckung einen Rest Futterstoff verwenden.

DER RICHTIGE STOFF

Damit die Körbchen gut stehen, brauchen Sie zwei Stoffe mittlerer Stärke. Wir haben festen Nessel mit einem unserer Streublümchenmuster kombiniert. Mixen Sie nach Lust und Laune. Vielleicht haben Sie einige schöne Stoffreste zur Hand?

Ribbons
Buttons

01

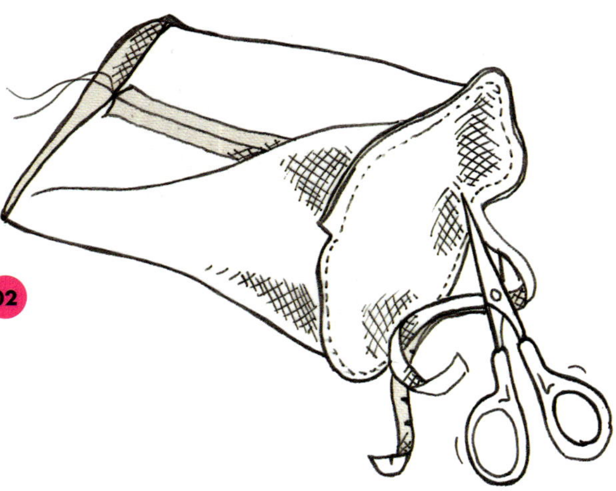

02

DAS SEITENTEIL ZUSAMMENNÄHEN

01 Den Schildhalter mittig auf die rechte Stoffseite des Seitenteils aus Hauptstoff nähen – für das große Körbchen 8 cm über der Unterkante, für das kleine Körbchen 6 cm. Seiten- und Unterkanten exakt auf den vorhandenen Stepplinien festnähen.

Die Seitenkanten des Teils rechts auf rechts aufeinanderlegen und mit 1 cm Nahtzugabe zusammennähen. Die Nahtzugabe auseinanderbügeln.

DEN BODEN ANSETZEN

02 Den Boden aus Hauptstoff mit 1 cm Nahtzugabe an den Zylinder nähen (siehe Seite 15). Danach beide Nahtzugaben auf 5 mm zurückschneiden, um eine saubere Unterkante zu erhalten.

DAS FUTTER NÄHEN

03 Die Seitenkanten des Futter-Seitenteils rechts auf rechts zusammenstecken und mit 1 cm Nahtzugabe zusammennähen, aber 2 cm oberhalb des unteren Nahtendes eine 10 cm lange Öffnung lassen. Die Nahtzugaben auseinanderbügeln – auch entlang der Öffnung.

Den Boden annähen, die Nahtzugabe auf 5 mm zurückschneiden und das Ganze auf rechts wenden.

03

ALLES ZUSAMMENSETZEN

04 Das Futter rechts auf rechts ins Hauptteil schieben und die Nähte aufeinander feststecken. Die Oberkanten ringsherum zusammenstecken und mit 1 cm Nahtzugabe zusammensteppen.

04

05 Durch die Öffnung in der Futternaht auf rechts wenden, dann die Öffnung von Hand mit kleinen Stichen zunähen. Das Futter wieder nach innen schieben und die Naht an der Oberkante leicht bügeln. Die Oberkante beim großen Körbchen 5 cm, beim kleinen 4 cm nach außen umfalten.

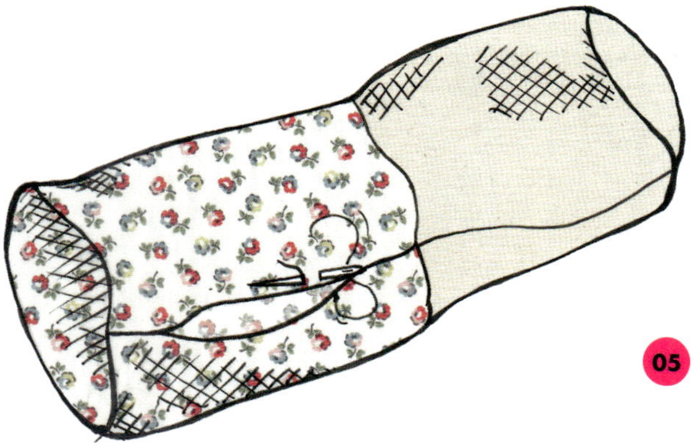

05

DA GEHT NOCH MEHR

Wenn Sie einen steiferen Stoff verwenden und die Teile vergrößern, können Sie auch eine Spielzeugtonne oder einen faltbaren Schmutzwäschebehälter nähen.

Tipp ... Schneller geht es, wenn Sie den Schildhalter aus nicht ausfransendem Stoff zuschneiden. Der Halter des größeren Korbes besteht aus rotem Filz, der gut zu den Blumen passt.

leicht

NÄHMASCHINENHÜLLE

Die ersten Haushaltsnähmaschinen, die um 1880 auf den Markt kamen, hatten dekorative Holzhauben und wurden als Möbelstücke betrachtet. Heute wird bei manchen Maschinen ein praktischer Koffer mitgeliefert. Wenn man die Maschine aber häufig benutzt, ist so eine Stoffhaube, die man rasch darüberstülpen kann, viel praktischer. Außerdem sieht sie toll aus!

MATERIAL & ZUBEHÖR

VORLAGEN AUF SEITE 156–157

100 × 80 cm Stoff in mittlerer Stärke
Passendes Nähgarn
Nähmaschine
Nähkasten

GRÖSSE

Machen Sie sich die Mühe, die Maße der Anleitung mit Ihrer Maschine zu vergleichen. Unsere Hülle ist für eine durchschnittliche Haushaltsnähmaschine mit einem Klappgriff im hinteren Bereich des Oberteils konstruiert. Die Öffnung für den Griff ist 14 × 2 cm groß. Wenn der Griff Ihrer Maschine in der Mitte sitzt, schneiden Sie zwei Oberteile von 9,5 × 16 cm zu. Ist der Griff länger als 13 cm, verlängern Sie die Oberteile und reduzieren entsprechend das obere Ende der Seitenteile.

DER RICHTIGE STOFF

Blumendrucke eignen sich hervorragend für kantige Modelle wie die Nähmaschinenhaube. Auch auf Kissen kommen solche Muster gut zur Geltung.

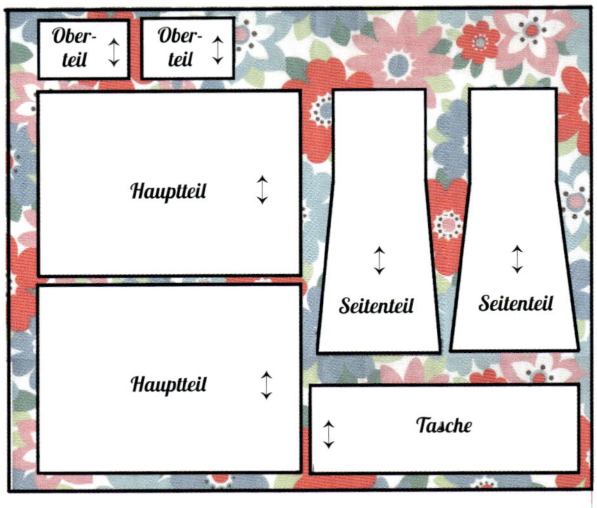

ZUSCHNEIDEN

- 2 Hauptteile, 42 × 30 cm
- 1 Tasche, 42 × 16 cm
- 2 Seitenteile (gemäß Vorlage)
- 1 Oberteil, 16 × 8 cm
- 1 Oberteil, 18 × 11 cm

SO WIRD ES GEMACHT

DIE TASCHE NÄHEN

01

01 An der Oberkante der Tasche einen 1 cm breiten doppelten Saum nähen. Mit einem selbstlöschenden Textilstift und einem Lineal in 13 cm Abstand zur linken Kante eine Linie ziehen. Die Tasche rechts auf rechts an eine Längskante eines Hauptteils stecken. Die Seiten- und Unterkanten mit 5 mm Nahtzugabe zusammennähen, dann die eingezeichnete Teilungslinie absteppen und das Nahtende verriegeln.

LEICHT GEMACHT

Wenn es schneller gehen soll, schneiden Sie das Oberteil in einem Stück zu. Die Öffnung für den Griff fällt dann weg.

DIE KANTEN DER ÖFFNUNG SÄUMEN

Die Oberkanten der beiden Seitenteile 1 cm nach links einschlagen. Nochmals einschlagen und an jeder Oberkante einen doppelten Saum absteppen. An beiden Oberkanten die Mitte markieren.

DIE ÖFFNUNG NÄHEN

02 Die beiden Oberteile rechts auf rechts an die gesäumten Kanten eines Seitenteils legen. Die Schnittkanten der Oberteile liegen oben und unten. Der Abstand zwischen den gesäumten Kanten der Oberteile beträgt 1 cm. Stecken, heften und mit 1 cm Nahtzugabe zusammennähen.

02

03 Die Oberteile umklappen, sodass die rechte Stoffseite oben liegt, und bügeln. Die Naht auf dem Seitenteil in 8 mm Abstand zur Kante absteppen. Das zweite Seitenteil ebenso an der anderen Seite der Oberteile ansetzen.

03

DIE HAUPTTEILE ANSETZEN

04 Die Hauptteile zur Hälfte falten und an jeder Oberkante die Mitte markieren. Ein Hauptteil so an die zusammengesetzten Teile anlegen, dass seine Mitte auf die Mitte der Oberteile mit der Grifföffnung trifft. Stecken, heften und mit 1 cm Nahtzugabe zusammensteppen. An beiden Enden der Naht 1 cm offen lassen. Anfang und Ende der Naht mit einigen Rückwärtsstichen verriegeln.

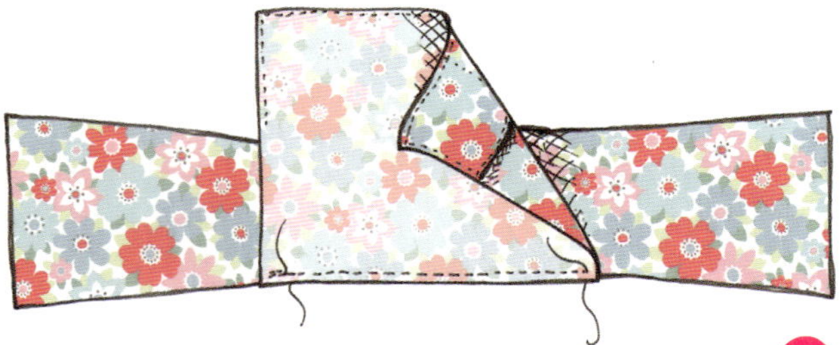

04

05 Die Nahtzugaben der Seitenteile direkt unter den Nahtenden 6 mm tief einschneiden. Die linke Seite des Hauptteils an die rechte Seite des angrenzenden Seitenteils anlegen, stecken und zusammenheften. Von der oberen Ecke zum Saum zusammennähen, dabei liegt das Seitenteil oben. Die rechte Kante des Hauptteils ebenso an das Seitenteil nähen, dann das andere Hauptteil ebenso festnähen. Alle Stoffkanten mit Overlock- oder Zickzackstich versäubern. Die Nahtzugaben zu den Seitenteilen bügeln.

05

DIE UNTERKANTE SÄUMEN

Falls erforderlich, die Unterkante ringsherum auf gleiche Höhe schneiden, dann einen doppelten Saum umbügeln und feststeppen.

leicht

NÄHTASCHE

Dies ist wahrscheinlich das einfachste Modell in diesem Buch, aber auch eines der nützlichsten. Der hintere Teil wird unter die Nähmaschine gelegt und schützt die Tischplatte. In den drei Taschen des vorderen Teils können Nähutensilien verstaut werden. Nähen Sie die Tasche doch aus dem gleichen Stoff wie die Nähmaschinenhülle. Das gedruckte Patchworkmuster erleichtert den Zuschnitt und das Steppen der Teilungsnähte.

MATERIAL & ZUBEHÖR

55 × 95 cm Stoff in mittlerer Stärke für die Vorderseite
55 × 75 cm kontrastfarbener Stoff in mittlerer Stärke für die Rückseite
Passendes Nähgarn
Nähmaschine
Nähkasten

GRÖSSE

50 × 70 cm

ZUSCHNEIDEN

AUS DEM STOFF FÜR DIE VORDERSEITE

- 1 Vorderteil, 52 × 72 cm
- 1 Tasche, 52 × 17 cm

AUS DEM STOFF FÜR DIE RÜCKSEITE

- 1 Rückseite, 52 × 72 cm

01

02

SO WIRD ES GEMACHT

DIE TASCHE VORBEREITEN

01 Die Oberkante der Tasche 1 cm nach links umbügeln und in 6 mm Abstand zum Bruch feststeppen.

DIE VORDERSEITE ZUSAMMENSETZEN

02 Die Tasche an der Unterkante des Vorderteils anlegen, beide Teile zeigen mit der rechten Seite nach oben. Seiten und Unterkanten der Tasche auf das Vorderteil stecken und heften.

brother
Anniversary

DIE RÜCKSEITE ANNÄHEN

03

03 Vorder- und Rückseite rechts auf rechts aufeinanderlegen, die Tasche liegt dazwischen. Die Seiten- und Unterkanten zusammenstecken und mit der Nähmaschine mit 1 cm Nahtzugabe zusammennähen. Die Nahtzugaben an den Ecken schräg abschneiden (siehe Seite 15). Die Nahtzugaben nach innen bügeln. Dann die Oberkante 1 cm breit nach links umbügeln. Auf rechts wenden, die Nähte glatt streichen und die Ecken herausdrücken. Bügeln.

04

04 Die umgebügelten Kanten von Vorder- und Rückseite zusammenstecken und mit 6 mm Nahtzugabe zusammensteppen.

DIE TASCHE UNTERTEILEN

05

05 Mit einem selbstlöschenden Textilstift zwei senkrechte Linien auf die Tasche zeichnen: eine Linie etwa in der Mitte, die zweite in ca. 10 cm Abstand zur linken Kante. Wenn der Stoff ein Karo- oder Streifenmuster hat, an den Linien des Musters orientieren. Alle drei Lagen zusammenstecken, damit sie sich nicht verschieben können. Auf den angezeichneten Linien steppen und das Nahtende am oberen Rand der Tasche mit einigen Rückwärtsstichen verriegeln, damit es nicht so leicht ausreißt.

Tipp … Um die Nähmaschinenunterlage zu polstern, schieben Sie einfach ein Stück Volumenvlies zwischen Vorder- und Rückseite, bevor Sie die Oberkanten zusammennähen.

DA GEHT NOCH MEHR

Komplett wird das Nähmaschinenset mit einem 20 × 25 cm großen Beutel zum Verstauen von Pedal und Kabel. Genäht wird er anhand der Anleitung auf Seite 138, jedoch ohne seitliche Schlaufen und mit kürzeren Schnüren.

leicht

PATCHWORK-NADELKISSEN

Diese Schildkröte kann viel einstecken – nämlich all die Stecknadeln, die beim Nähen gebraucht werden. Ihr Patchwork-Panzer wird mit der englischen Papiermethode gearbeitet. Dabei werden die Stoffstücke über Papierschablonen gelegt und zu einem Mosaik zusammengenäht.

MATERIAL & ZUBEHÖR

VORLAGEN AUF SEITE 157

6 Stücke à 10 × 10 cm aus verschiedenen dünnen Baumwollstoffen für den Panzer
30 × 20 cm grüner Stoff in mittlerer Stärke für den Bauch
Passendes Nähgarn
Polyesterfüllwatte
2 Perlen in Schwarz (3 mm Durchmesser) oder Glaskopfstecknadeln
Nähmaschine
Nähkasten

GRÖSSE

Ca. 12 × 8 cm

ZUSCHNEIDEN

AUS PAPIER

- 1 Fünfeck
- 5 Panzersegmente
- 1 Kopf
- 1 Bein
- 1 Schwanz

AUS GRÜNEM STOFF

- 2 Bäuche

DER RICHTIGE STOFF

Patchwork bietet sich an, um das Nähen mit der Hand zu üben. Wenn Sie die Technik einmal beherrschen, können Sie auch Muster nach eigenen Ideen zusammensetzen.

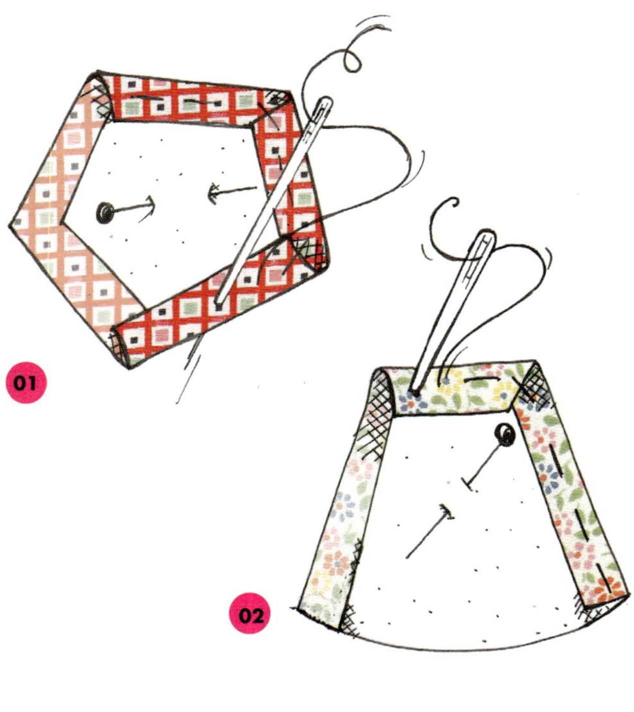

SO WIRD ES GEMACHT

DIE TEILE VORBEREITEN

01 Mit dem Fünfeck in der Mitte des Panzers beginnen. Die Papierschablone auf die linke Seite des ersten Stoffes stecken und in etwa 1 cm Abstand zum Papier ausschneiden; es muss nicht ganz exakt geschnitten werden. Die überstehenden Stoffkanten um die Papierkanten herum zur linken Stoffseite falten und dabei festheften.

02 Die fünf Panzersegmente aus verschiedenen Stoffen ebenso vorbereiten, aber hier den Stoff entlang der gerundeten Papierkante abschneiden.

DA GEHT NOCH MEHR

Die niedliche Schildkröte gefällt auch Kindern. Sie können die Vorlagen vergrößern, um ein größeres Tier als Spielzeug für Kinder ab etwa drei Jahren zu nähen. Achten Sie darauf, dass alle Nähte sehr stabil sind. Verwenden Sie Füllwatte, die für Spielzeug geeignet ist, und sticken Sie die Augen mit schwarzem Stickgarn auf.

03

04

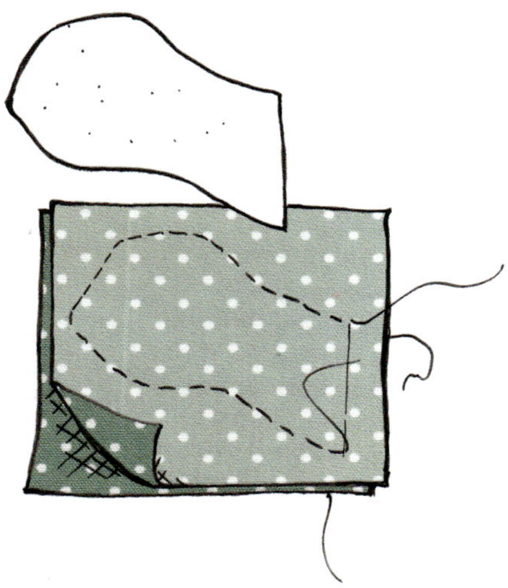

05

06

DEN PANZER ZUSAMMENSETZEN

03 Das Fünfeck rechts auf rechts an der Oberkante eines Panzersegments anlegen und die Ecken exakt ausrichten. Von Hand mit winzigen überwendlichen Stichen zusammennähen. An der rechten Ecke beginnen und in die Bruchkanten beider Teile einstechen. Die anderen vier Panzersegmente ebenso an die freien Seiten des Fünfecks nähen.

04 Nun das Fünfeck so zur Hälfte falten, dass die Längskanten zweier benachbarter Segmente genau aufeinanderliegen. Auch diese Kanten mit winzigen Stichen von Hand zusammennähen. Mit den übrigen Kanten der Segmente ebenso verfahren. Die Nahtenden sichern. Die Heftfäden durchschneiden und herausziehen, dann die Papierschablonen entfernen. Auf rechts wenden.

KOPF UND SCHWANZ NÄHEN

05 Aus grünem Stoff zwei Quadrate von ca. 10 cm Kantenlänge zuschneiden. Mit selbstlöschendem Textilstift den Umriss des Kopfes auf die linke Stoffseite eines Teiles zeichnen. Die Quadrate rechts auf rechts aufeinanderstecken. Genau auf der Umrisslinie des Kopfes steppen, das Halsende bleibt offen.

06 Den Kopf 3 mm außerhalb der Nahtlinie ausschneiden. Auf rechts wenden und mit Füllwatte ausstopfen, der letzte Zentimeter bleibt leer. Die Halskante so falten, dass die beiden Nähte in der Mitte zusammentreffen. Die Kanten zusammenheften. Die Halskante rechts auf rechts an die Unterkante eines Panzersegments heften und mit 5 mm Nahtzugabe feststeppen. Den Schwanz ebenso nähen und ausstopfen, das gerade Ende offen lassen. Die Öffnung so falten, dass die beiden Nähte in der Mitte zusammentreffen. Gegenüber dem Kopf rechts auf rechts auf die Naht zwischen zwei Segmenten heften, mit 5 mm Nahtzugabe feststeppen.

DIE BEINE ANSETZEN

Die Beine ebenso nähen und ausstopfen, die oberen Enden offen lassen. Die Vorderbeine in 1 cm Abstand zum Kopf an den Panzer nähen, die Hinterbeine in 1 cm Abstand zum Schwanz. Den Panzer auf links drehen. Kopf, Beine und Schwanz liegen innen.

DEN BAUCH ANNÄHEN

07 Die beiden Teile für den Bauch rechts auf rechts an der geraden Kante zusammenstecken. Mit 1 cm Nahtzugabe beide Enden ca. 1,5 cm weit zusammennähen, die Mitte offen lassen. Die Nahtzugaben auseinanderbügeln.

Den Bauch rechts auf rechts an den Panzer stecken, dabei trifft die Bauchnaht an Kopf und Schwanz. Eventuell müssen die Oberkanten von Beinen, Hals und Kopf mehrmals eingeschnitten werden, damit sich die Nahtzugaben der Bauchrundung anpassen lassen.

Sorgfältig heften, dann die Kanten ringsherum langsam mit der Maschine zusammennähen. Dabei liegt der Panzer oben. Durch die Öffnung auf rechts wenden, fest ausstopfen und die Öffnung mit Blindstichen von Hand (siehe Seite 19) zunähen. Den Hals 1 cm oberhalb der Bauchnaht an den Panzer nähen, um den Kopf etwas aufzurichten.

07

Tipp … Mit einem Bleistift mit Radiergummi am Ende lässt sich die Füllwatte gut in kleine Teile wie Kopf und Schwanz der Schildkröte stopfen.

UNTERWEGS

leicht

REISSVERSCHLUSSTASCHEN

In diesen praktischen Taschen können Sie im Urlaub allerlei verstauen – von Reisedokumenten bis zur Schmutzwäsche. Das Nähen aus rechteckigen Teilen ist ganz einfach und Einsteiger können daran gut das Einsetzen eines Reißverschlusses üben. Die Anleitung gilt für beide Größen.

MATERIAL & ZUBEHÖR

FÜR DIE GROSSE TASCHE

95 × 50 cm Stoff in mittlerer Stärke
Reißverschluss, 40 cm lang, 3 cm breit

FÜR DIE KLEINE TASCHE

70 × 35 cm Stoff in mittlerer Stärke
Reißverschluss, 30 cm lang, 3 cm breit

FÜR BEIDE TASCHEN

Band oder Borte, 20 cm lang, 1 cm breit
Passendes Nähgarn
Nähmaschine
Nähkasten

GRÖSSE

Groß: ca. 42 × 32 cm
Klein: ca. 32 × 21 cm

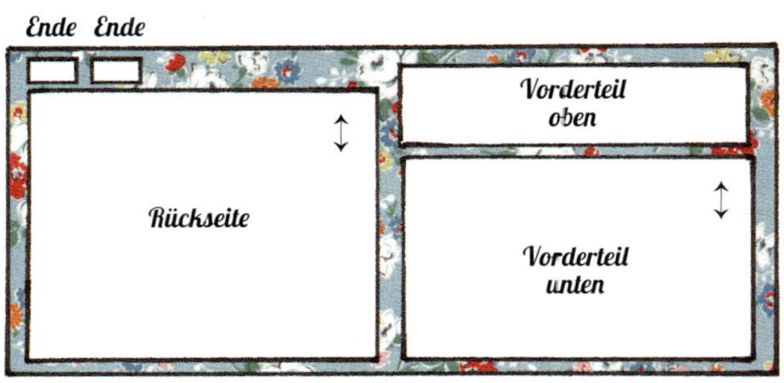

ZUSCHNEIDEN

FÜR DIE GROSSE TASCHE

- 1 unteres Vorderteil, 45 × 26 cm
- 1 oberes Vorderteil, 45 × 10 cm
- 1 Rückseite, 45 × 35 cm

FÜR DIE KLEINE TASCHE

- 1 unteres Vorderteil, 35 × 17 cm
- 1 oberes Vorderteil, 35 × 6 cm
- 1 Rückseite, 35 × 23 cm

FÜR BEIDE TASCHEN

- 2 Endstücke, 6 cm lang und so breit wie der Reißverschluss

DER RICHTIGE STOFF

Für solche einfachen Modelle können Sie gut bedruckte oder einfarbige Stoffreste aus dem eigenen Bestand verbrauchen. Damit die Taschen gut in Form bleiben, sollten die Stoffe nicht zu dünn sein. Besonders hübsch sieht es aus, wenn Sie Reißverschlüsse in Kontrastfarben verwenden.

01

02

03

SO WIRD ES GEMACHT

DEN REISSVERSCHLUSS VORBEREITEN

Die beiden Endstücke längs zur Hälfte falten und bügeln. Die rechte Stoffseite liegt außen.

01 An jedes Ende des Reißverschlusses ein Endstück legen. Die Bruchkanten zeigen nach innen. Der Abstand zwischen den unversäuberten Kanten der Endstücke muss so groß sein wie die Taschenbreite, also entweder 45 cm oder 35 cm. Die Ober- und Unterkanten der Endstücke an die Trägerbänder des Reißverschlusses heften.

DIE TASCHE NÄHEN

02 Die Oberkante des unteren Vorderteils und die Unterkante des oberen Vorderteils 6 mm breit nach links umbügeln.

03 Die eingeschlagene Kante des unteren Vorderteils 4 mm unterhalb der Zähnchen an das untere Trägerband des Reißverschlusses heften. Die rechte Seite liegt oben. Den Reißverschlussfuß einsetzen und die Lagen 3 mm neben der Bruchkante zusammensteppen.

Das obere Vorderteil auf die gleiche Weise an die andere Seite des Reißverschlusses nähen. Den Reißverschluss öffnen.

04 Das zusammengesetzte Vorderteil und die Rückseite rechts auf rechts aufeinanderstecken und heften. Ringsherum mit 1 cm Nahtzugabe zusammennähen, dann die Stoffkanten mit Overlock- oder Zickzackstich versäubern.

05 Die Nahtzugaben an den Ecken schräg abschneiden, damit sie sich nicht abzeichnen (siehe Seite 15). Die Tasche durch den Reißverschluss auf rechts wenden. Die Ecken herausdrücken und vorsichtig bügeln.

DA GEHT NOCH MEHR

Die Taschen bekommen einen zusätzlichen Blickfang, wenn Sie einen passenden Uni-Stoff für die Endstücke verwenden und einen schmalen Stoffstreifen an den Schieber des Reißverschlusses knoten.

leicht

BRILLENETUI

Das hübsche Brillenetui ist mit wenigen geraden Nähten schnell angefertigt. Der Clou ist der Federverschluss. Er besteht aus zwei schmalen Metallstreifen, die in die Oberkante eingelegt werden und dem Modell seinen professionellen Charakter geben.

MATERIAL & ZUBEHÖR

40 × 12 cm Stoff in mittlerer Stärke für die Außenseite
32 × 12 cm dünnerer Stoff für das Futter
Passendes Nähgarn
Federverschluss, 9 cm lang
Nähmaschine
Nähkasten

GRÖSSE

9 × 17 cm

01

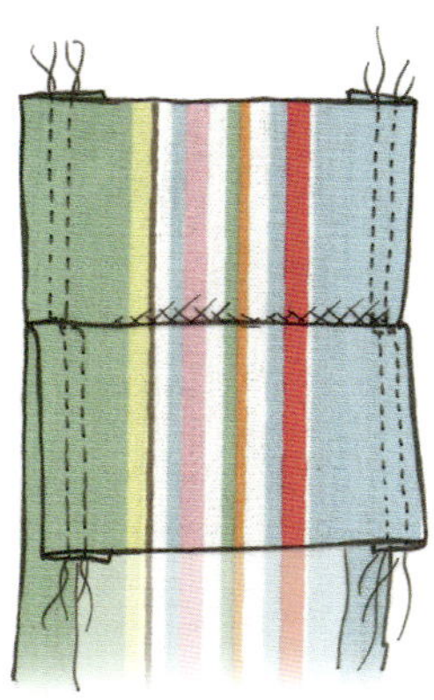

02

SO WIRD ES GEMACHT

DIE ÄUSSERE HÜLLE NÄHEN

Den Stoff für die Außenseite quer zur Hälfte falten, rechte Stoffseite innen. Die Seiten zusammenstecken, heften, 5 cm unterhalb der oberen Ecken Markierungen anzeichnen. Die Seiten von den Markierungen bis zu den unteren Ecken mit 15 mm Nahtzugabe zusammennähen. Beide Nahtenden verriegeln (siehe Seite 14).

01 Die Nahtzugaben an den Ecken mit 3 mm Abstand zur Naht schräg abschneiden. Die Nahtzugaben (auch an den offenen oberen Seiten) nach innen bügeln.

02 Jede der vier umgebügelten Nahtzugaben an den offenen Enden mit zwei parallelen Stepplinien festnähen. Oben beginnen, in 5 mm Abstand zur Außenkante abwärtsnähen. Nach 5 cm mit eingestochener Nadel wenden, zwei Stiche rechtwinklig zur ersten Stepplinie nähen. Wieder wenden und in 5 mm Abstand zur ersten Stepplinie aufwärtsnähen.

Tipp … **Wenn Sie das Etui ganz individuell gestalten möchten, können Sie mit Kettenstich oder Rückstich Ihr Monogramm aufsticken – oder vielleicht Ihre Telefonnummer, falls Sie es einmal verlieren. Stiche zum Sticken finden Sie auf Seite 18.**

Tipp … Wenn Ihr Stoff ein lineares Muster hat, zum Beispiel Streifen oder eine Blumenbordüre, schneiden Sie den äußeren Stoff so zu, dass das Muster genau in der Mitte des Etuis verläuft.

03 Beide Oberkanten 2,5 cm nach links einschlagen und heften. Dadurch entstehen die Tunnel für den Federverschluss. Von rechts in 2 cm Abstand zur oberen Bruchkante feststeppen. Anfang und Ende der Nähte sorgfältig verriegeln. Das Etui auf rechts wenden und die Ecken herausdrücken. Vorsichtig bügeln.

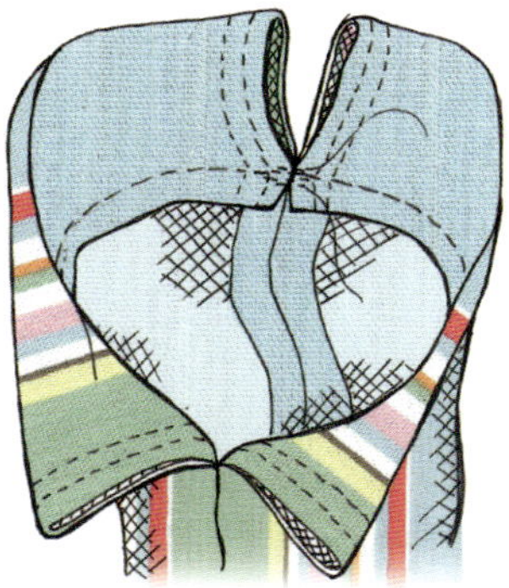

03

DAS FUTTER NÄHEN

04 Das Futter rechts auf rechts quer zur Hälfte falten und die Seitennähte mit 1,5 cm Nahtzugabe schließen. Die Nahtzugaben an den Ecken schräg abschneiden und wie bei der äußeren Hülle nach innen bügeln. Den oberen Rand 2 cm breit nach links umbügeln.

04

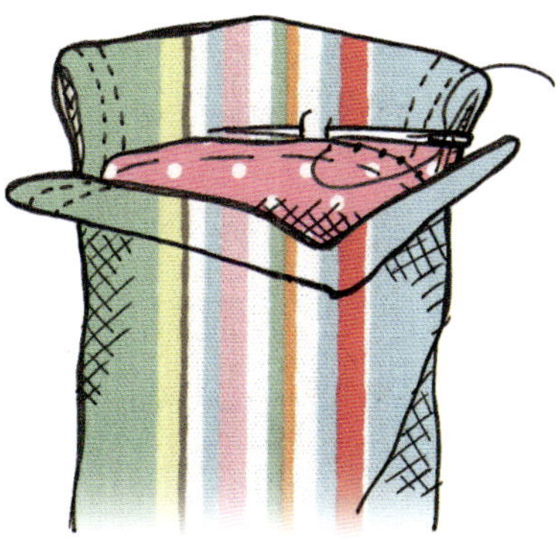

05

ALLES ZUSAMMENSETZEN

05 Das Futter ins äußere Etui schieben. Die Seitennähte treffen genau aufeinander. So weit hineinschieben, dass die obere Bruchkante des Futters an der Nahtlinie unter den Tunneln für den Verschluss liegt. Heften, dann mit kleinen Stichen von Hand zusammennähen.

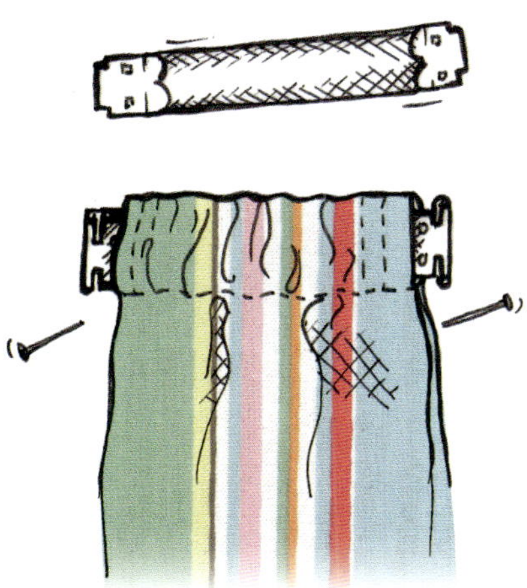

06

06 In jeden Tunnel ein Teil des Federverschlusses schieben, dann die Teile mit den Klammern verbinden. Dabei bitte die Montagehinweise des Herstellers beachten.

DA GEHT NOCH MEHR

Federverschlüsse gibt es in verschiedenen Breiten. Sie können diese Anleitung leicht für ein Portemonnaie oder eine Handyhülle abwandeln.

leicht

REISENÄHETUI

So ein praktisches Etui mit kleinen Fächern für Näh- und Stecknadeln, Garn und Handarbeitsschere besaßen schon unsere Großmütter. Es eignet sich auch, um auf Reisen Tickets und Kleingeld zu verstauen oder um schönen Schmuck aufzubewahren.

MATERIAL & ZUBEHÖR

VORLAGEN AUF SEITE 156

50 × 50 cm leichter Baumwollstoff
Reißverschluss, 12 cm lang
Schrägband, 130 cm lang, 12 mm breit
Nähgarn, passend zum Stoff und zum Schrägband
2 kleine Knöpfe
Nähmaschine
Nähkasten

GRÖSSE

14 × 8 cm (zusammengefaltet)

ZUSCHNEIDEN

- 1 innere Klappe (siehe Vorlage)
- 1 Taschenklappe (siehe Vorlage)
- 1 Innenteil, 14 × 36 cm
- 1 Außenteil, 14 × 45 cm
- 1 Innentasche, 14 × 15 cm

DER RICHTIGE STOFF

Für so ein zierliches Modell eignet sich ein kleines Druckmuster am besten. Wir haben das Dekor »Little Bird« aus der Cath-Kidston-Kollektion ausgesucht.

01

SO WIRD ES GEMACHT

DIE AUSSENSEITE VORBEREITEN

01 Das Schnittmuster für die innere Klappe an das untere Ende des Außenteils stecken und entlang der Rundung schneiden. Wenn das Stoffmuster eine Laufrichtung hat, steht es jetzt kopfüber.

02

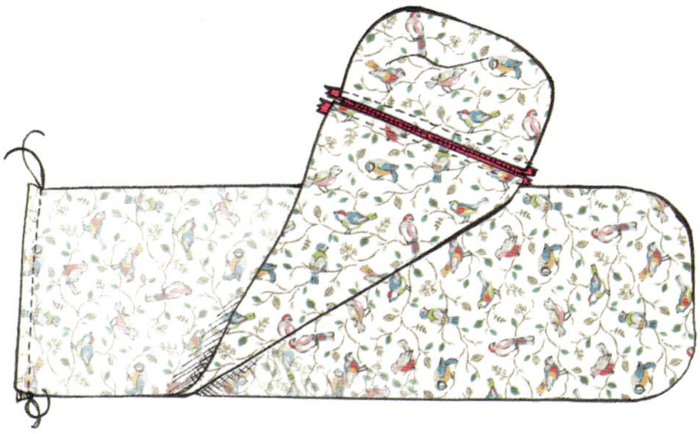

03

04

DEN REISSVERSCHLUSS EINSETZEN

Das Innenteil auf die Arbeitsfläche legen, die rechte Stoffseite zeigt nach oben. Den Reißverschluss rechts auf rechts mittig an die Oberkante legen. Der Schieber liegt links. Das obere Trägerband des Reißverschlusses an den Stoff stecken und heften.

02 Den Reißverschluss umklappen, seine rechte Seite zeigt nun nach oben. Die innere Klappe rechts auf rechts am anderen Trägerband anlegen. Ihre Seitenkanten müssen bündig mit denen des Innenteils abschließen. Ebenfalls stecken und heften. Mit Garn in einer Farbe des Stoffes den Reißverschluss 3 mm neben den Zähnchen einnähen.

INNEN- UND AUSSENSEITE ZUSAMMENNÄHEN

03 Innen- und Außenteil rechts auf rechts aufeinanderlegen. Die geraden Unterkanten stecken, heften und mit 6 mm Nahtzugabe zusammennähen. Die Teile nun so falten, dass die rechten Stoffseiten außen liegen. Die gerundeten Kanten ausrichten und zusammenstecken, dann die Längsseiten zusammenstecken. Heften und die Unterkante bügeln. Die Nahtzugabe der Unterkante liegt jetzt innen.

DIE TASCHEN NÄHEN

An beiden Seiten des Innenteils in 8 cm Abstand zur geraden Unterkante einen Punkt anzeichnen. Für die untere Tasche den Stoff an diesen Markierungen nach oben klappen. Die Seitenkanten zusammenstecken, heften und bügeln.

04 Die Innentasche quer zur Hälfte falten, die rechte Stoffseite liegt außen. Die beiden langen Kanten zusammenstecken, heften und bügeln. Dann die geheftete Kante mit einem 15 cm langen Stück Schrägband einfassen (siehe Seite 17).

05 Die innere Tasche 15 mm über der unteren Tasche feststecken. Seiten- und Unterkanten heften. Die Unterkante knappkantig feststeppen.

06 Mit Schneiderkreide oder einem selbstlöschenden Textilstift 1 cm über der inneren Tasche eine Linie ziehen. Eine zweite Linie 1 cm über dem Reißverschluss zeichnen. Auf beiden Linien absteppen.

DIE KANTE EINFASSEN

Die Enden des Reißverschlusses bündig mit den Seitenkanten abschneiden. Die Seitenkanten und die Rundung mit Schrägband einfassen (siehe Seite 17).

DIE KLAPPE NÄHEN

07 Die Taschenklappe längs zur Hälfte falten, die rechte Stoffseite liegt außen. Die gerundeten Kanten exakt aufeinander ausrichten, zusammenstecken und heften.

Die unversäuberten Kanten mit dem restlichen Schrägband einfassen, dabei die Enden des Schrägbands 1 cm einschlagen. Die gerade Kante der Klappe 5 mm über der inneren Tasche auflegen, heften und knappkantig mit der Maschine feststeppen. Die Klappe nach unten falten und die Naht bügeln.

FERTIGSTELLUNG

08 Mit doppeltem Nähgarn in der Mitte jeder Klappe eine 12 mm große Knopfschlaufe arbeiten (siehe Seite 20). Einen Knopf passend zur Öse auf die innere Tasche nähen. Die gesamte Tasche von unten zweimal nach oben umschlagen, dann die obere Klappe nach unten legen und den zweiten Knopf entsprechend der Öse an der oberen Klappe festnähen.

05

06

07

08

mittel

SCHLAFMASKE

Die leicht wattierte Schlafmaske ist mit gestreiftem Stoff gefüttert. Ein praktischer, kleiner Zugbeutel zum Verstauen gehört dazu. Nähanfänger können an diesem Modell das Einfassen von Innen- und Außenkurven mit Schrägband üben (siehe Seite 17). Ein schmaler Stoffschlauch umhüllt das Gummiband. Solche Schläuche eignen sich auch zur Anfertigung von Bindebändern, Zugschnüren oder Schlaufen sehr gut.

MATERIAL & ZUBEHÖR

VORLAGEN AUF SEITE 154–1555

55 × 25 cm leichter geblümter Baumwollstoff für Maske und Beutel

22 × 12 cm leichter einfarbiger Baumwollstoff für die Rückseite der Maske

55 × 35 cm gestreifter Baumwollflanell für das Futter

30 × 10 cm einfarbiger Baumwollstoff für die Endstücke (nach Belieben)

Gestreiftes Schrägband, 1 m lang, 2 cm breit + nach Belieben weitere 35 cm

22 × 12 cm Volumenvlies aus Baumwolle oder Bambus

Gummiband, 30 cm lang, 5 cm breit

Paspelkordel, 40 cm lang, 3 mm dick

Seidige Kordel, 30 cm lang, 3 mm dick, für die Zugschnüre

Passendes Nähgarn

Baumwollsticktwist in Cremeweiß

Nähmaschine

Nähkasten

Kleine Sicherheitsnadel

GRÖSSE

Beutel: 13 × 16 cm

Maske: 20 × 9 cm

ZUSCHNEIDEN

AUS GEBLÜMTEM STOFF

- 1 Rechteck, 22 × 12 cm, für die Schlafmaske
- 2 Rechtecke, je 14 × 20 cm, für den Beutel

AUS GESTREIFTEM BAUMWOLLFLANELL

- 1 Schlafmaske (siehe Vorlage)
- 1 Streifen, 50 × 4 cm, für das Halteband
- 2 Rechtecke, je 14 × 20 cm, für das Futter des Beutels

AUS ZUSAMMENGENÄHTEM SCHRÄGBAND ODER EINFARBIGEM STOFF

- 4 Kreise, je 7 cm Durchmesser, für die Endstücke (siehe Vorlage)

DER RICHTIGE STOFF

Wir haben für die Maske Baumwollflanell ausgesucht, weil er sich auf der Haut schön weich anfühlt. Baumwollsamt oder glatter Satin sind gute Alternativen. Sie können auch einen alten Flanellpyjama verwenden. Schrägband und Quasten im Streifenmuster geben dem Blümchenstoff zusätzlichen Pep.

Cath Kidston

SO WIRD ES GEMACHT

DEN STOFF QUILTEN

Das Schnittmuster für die Maske auf die rechte Seite des geblümten Stoffs stecken, den Umriss mit selbstlöschendem Textilstift nachzeichnen. Mit einem transparenten Lineal ein Raster aus diagonalen Linien in 2-cm-Abständen zum Quilten anzeichnen. Den einfarbigen Rückseitenstoff ausbreiten, darauf das Volumenvlies, zuoberst den Blumenstoff (rechte Seite oben) legen. Zusammenstecken, ringsherum in 3 mm Abstand zum Rand der Maske zusammenheften.

01

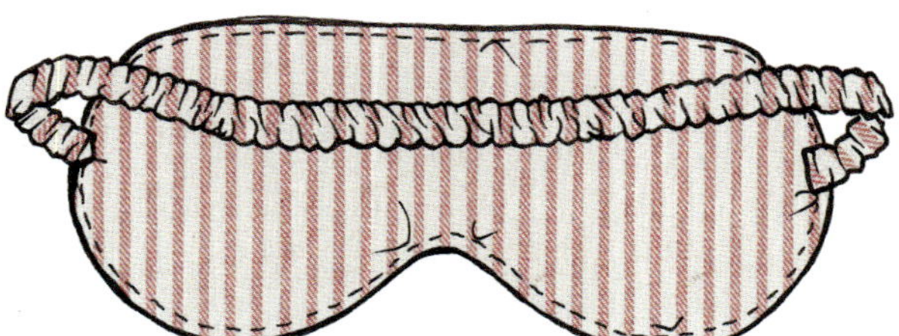

02

LEICHT GEMACHT

Für die gestreiften Quasten standen traditionelle indische Fliesen Pate. Reste des gestreiften Schrägbands glatt bügeln und zwei 8 cm lange Stücke knappkantig zusammennähen, um eine ausreichende Breite zu erhalten. Sie können die Quasten auch aus einem einfarbigen Stoff zuschneiden.

01 Auf den Rasterlinien quilten: von Hand mit dreifädigem Baumwollsticktwist oder mit der Nähmaschine. Alle Quiltlinien beginnen und enden an der gehefteten Kontur, damit sie beim späteren Ausschneiden der Maske nicht aufgehen können. Nach dem Quilten die Maske sorgfältig ausschneiden. Wenden, den gestreiften Futterstoff auf die Rückseite stecken, die rechte Stoffseite zeigt nach außen. Alle vier Lagen in 3 mm Abstand zur Kante mit der Maschine zusammennähen. An den beiden seitlichen Markierungen (gemäß Vorlage) Stecknadeln einstecken.

DAS BAND ANBRINGEN

Den Streifen für das Band rechts auf rechts längs zur Hälfte falten. Die Längskanten mit 6 mm Nahtzugabe zusammennähen. Den so entstandenen Schlauch wenden (siehe Seite 21).

02 Die Sicherheitsnadel an einem Ende des Gummibands befestigen. Das Gummi durch den Schlauch ziehen, an beiden Enden festnähen. Die unversäuberten Schmalseiten einschlagen und das Band an den seitlichen Markierungen an die Maske nähen.

DIE KANTEN EINFASSEN

Die Kanten mit ca. 50 cm Schrägband einfassen, in der oberen Mitte beginnen (siehe Seite 17).

DEN BEUTEL NÄHEN

DIE PASPEL ANSETZEN

Ein 38 cm langes Stück Schrägband abschneiden. Die eingeschlagenen Kanten öffnen und bügeln, dabei nicht dehnen. Die Paspelkordel in die Mitte des Bandes legen. Das Band zusammenfalten und dicht neben der Kordel heften. Die Schnittkanten so zurückschneiden, dass der Paspelstreifen 15 mm breit ist.

03 Nun 9 cm unterhalb der oberen Ecken an jeder Seite des Beutels eine Stecknadel einstecken. Die Paspel zwischen den Nadeln auf der rechten Stoffseite an die Stoffkante heften. An den Ecken des Beutels die Nahtzugabe der Paspel einschneiden (dabei 3 mm Abstand zur Kordel halten). Die Enden der Paspel knapp unter den Markierungsnadeln schräg über die Stoffkanten nach außen führen.

DAS FUTTER EINNÄHEN

04 An jede Oberkante des äußeren Beutels rechts auf rechts ein Futterteil stecken. Mit 6 mm Nahtzugabe feststeppen, dann die Nahtzugaben auseinanderbügeln. Die Seitenkanten des Futters zusammenstecken und heften. Die Kanten ringsherum mit 1 cm Nahtzugabe zusammennähen, dabei dem Verlauf der Paspelkordel folgen. In der oberen Naht (Bodennaht des Futters) 8 cm zum Wenden offen lassen, außerdem auf jeder Seite direkt über den Paspeln 2 cm offen lassen. Dies sind die Öffnungen des Tunnels. Die Nahtzugaben an den Ecken schräg abschneiden, dann die Nahtzugaben von Oberstoff und Futter nach innen bügeln. Den Beutel durch die größte Öffnung auf rechts wenden und die Ecken herausdrücken. Die Nahtzugaben der Wendeöffnung nach innen einschlagen und von Hand oder mit der Maschine zusammennähen.

05 Den Beutel ins Futter schieben, bis die Ecken aufeinandertreffen. Die beiden Lagen an der Ansatznaht 4 cm unter dem oberen Rand zusammenheften. Für den Tunnel zwei Linien um den Beutel steppen: eine direkt unter der Ansatznaht, die andere 1 cm höher. Die seitlichen Öffnungen liegen zwischen diesen beiden Nähten. Den Beutel auf rechts wenden.

DIE ZUGSCHNÜRE EINFÄDELN

Die Kordel halbieren. An einem Ende die Sicherheitsnadel befestigen. Die Kordel durch den Tunnel ziehen, dabei an der rechten Öffnung beginnen und enden. Die zweite Kordel ebenso durch die rechte Öffnung ziehen.

06 Für die Quaste einen der Stoffkreise zu Vierteln falten und in der Kreismitte mit der Spitze der Handarbeitsschere ein kleines Loch stechen. Das Ende einer Kordel durch das Loch fädeln und verknoten. Farblich passendes Stickgarn einfädeln und den Stoff an der Kordel festnähen. Das Garn einige Male fest um das obere Ende der Quaste wickeln, dann verknoten und vernähen. Die übrigen Kreise auf die gleiche Weise an den anderen Kordelenden befestigen.

03

04

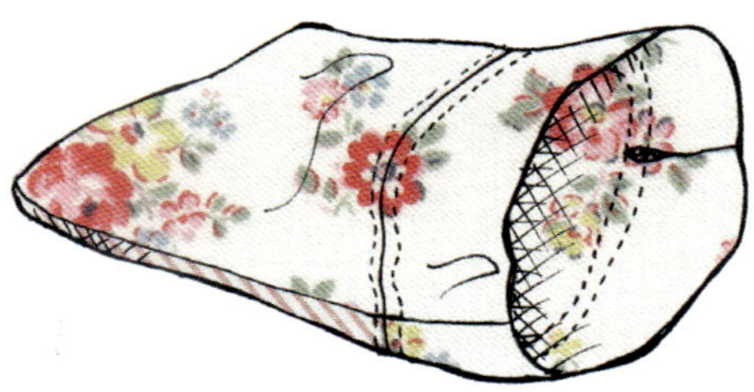

05

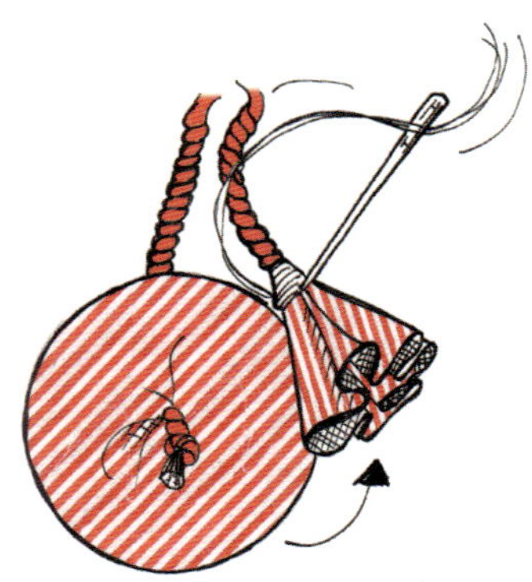

06

leicht

KULTURBEUTEL

Der Kulturbeutel ist ein praktischer Reisebegleiter und er sieht so gut aus, dass er gern offen im Bad stehen darf. Er ist ganz einfach zu nähen. Quernähte am Boden geben ihm ein großzügiges Volumen und sorgen dafür, dass er aufrecht stehen bleibt.

MATERIAL & ZUBEHÖR

80 × 30 cm bedruckter Frottee
80 × 30 cm leichtes Volumenvlies zum Aufbügeln
80 × 30 cm Duschvorhangstoff
Reißverschluss, 30 cm lang
Baumwollband, 15 cm lang, 1 cm breit
Passendes Nähgarn
Nähmaschine
Nähkasten
Jeansnadel für die Nähmaschine

DER RICHTIGE STOFF

Uns gefiel dieser Frottee mit Retromuster gut, aber Sie können auch einfachen Baumwollstoff verwenden. Als Futter haben wir einen gewebten Duschvorhang gewählt, der einfacher zu nähen ist als Plastikfolie oder beschichteter Stoff.

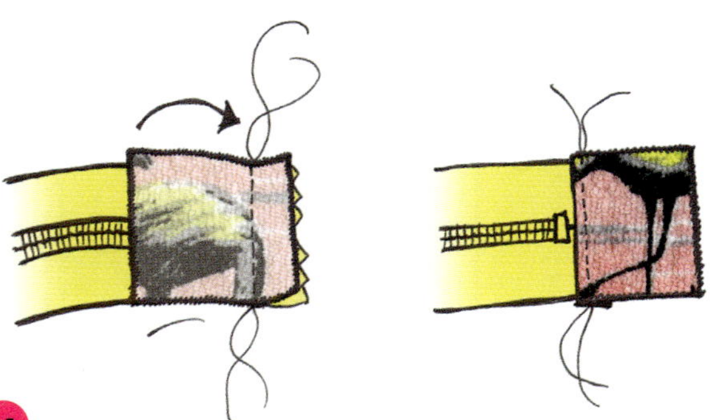

01

GRÖSSE

30 × 20 × 10 cm

ZUSCHNEIDEN

Die Reißverschlussendstücke aus Frottee zuschneiden, dann auf den restlichen Frottee Volumenvlies bügeln. Dabei die Hinweise des Vliesherstellers beachten.

AUS FROTTEE

- 2 Reißverschlussendstücke, je 2,5 × 2,5 cm

AUS FROTTEE (MIT AUFGEBÜGELTEM VOLUMENVLIES)

- 2 Taschenteile, 35 × 27 cm

AUS DUSCHVORHANGSTOFF

- 2 Futterteile, 35 × 27 cm

SO WIRD ES GEMACHT

DIE UNTEREN QUERNÄHTE VORBEREITEN

Aus den unteren Ecken aller vier Teile 5 × 5 cm große Quadrate herausschneiden.

DEN REISSVERSCHLUSS EINSETZEN

01 Den Reißverschluss schließen. An beide Enden der Trägerbänder rechts auf rechts ein kleines Endstück stecken. Mit 6 mm Nahtzugabe festnähen, nach außen bügeln und die Naht knappkantig absteppen.

02 Eine Kante des Reißverschlusses rechts auf rechts an die Oberkante eines Taschenteils stecken. Farblich passendes Garn in die Maschine einfädeln

und den Reißverschlussfuß einsetzen. Den Reißverschluss 6 mm neben den Zähnchen einnähen. Den Schieber verschieben (siehe Seite 20). Die andere Seite des Reißverschlusses ebenso an das andere Taschenteil nähen.

DEN BEUTEL NÄHEN

03 Den Reißverschluss öffnen und den Beutel so falten, dass die rechten Stoffseiten innen und die Ecken exakt aufeinanderliegen. Seiten- und Unterkanten zusammenstecken und heften. Die Unterkante mit 1 cm Nahtzugabe zusammennähen. Die Seitenkanten von unten nach oben zusammennähen. Die unteren Ecken so falten, dass Seiten- und Bodennaht aufeinanderliegen. Die Quernaht steppen (siehe Seite 15).

DAS FUTTER EINSETZEN

04 Die Oberkanten beider Futterteile 6 mm breit nach links umbügeln, dann das Futter ebenso zusammennähen wie die Außenseite. Auf rechts wenden, über den Oberstoff schieben und die Seitennähte exakt aufeinander ausrichten. Die umgebügelten Kanten in 6 mm Abstand von den Zähnchen mit kleinen überwendlichen Stichen von Hand an das Trägerband des Reißverschlusses nähen. Den Beutel auf rechts wenden. Das Band durch den Schieber des Reißverschlusses ziehen, knapp absteppen und die Enden schräg abschneiden.

02

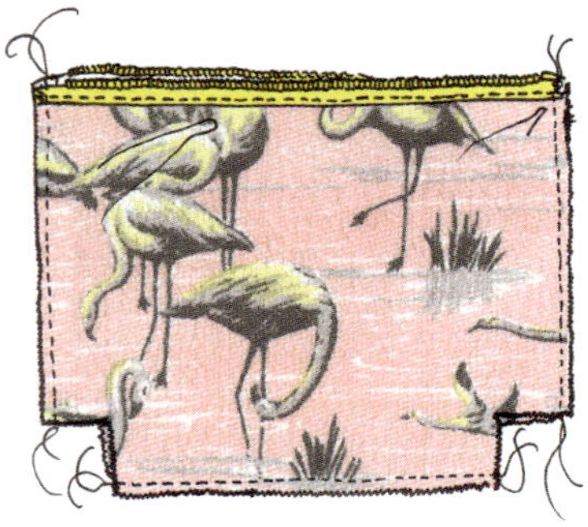

03

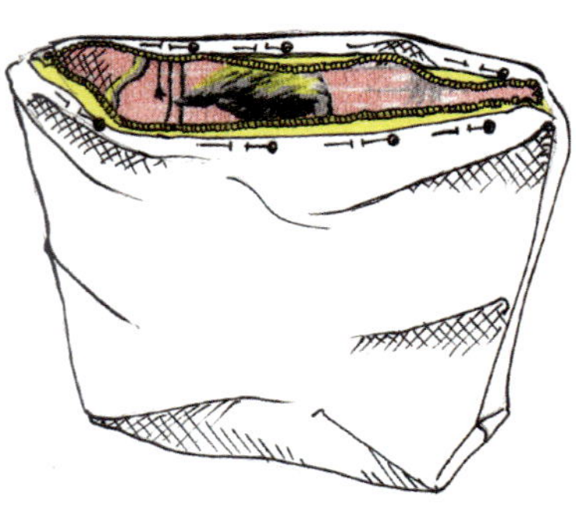

04

mittel

LAPTOPHÜLLE

Auf einem Laptop sind so viele persönliche Informationen gespeichert, dass auch das Äußere gern einen individuellen Stil haben darf. Ein attraktiv gemusterter Stoff wie dieser Seersucker hebt sich ab und sorgt bestimmt für Aufsehen. Da Sie die Abmessungen wahrscheinlich an die Größe Ihres Geräts anpassen müssen, können Sie an diesem Projekt auch das Zeichnen von Schnittmustern üben.

MATERIAL & ZUBEHÖR

FÜR EINEN 13"-LAPTOP

80 × 40 cm Baumwollstoff mittlerer Stärke (Außenseite)
80 × 40 cm Baumwollstoff mittlerer Stärke (Futter)
80 × 40 cm Volumenvlies aus Baumwolle oder Bambus
Reißverschluss, 60 cm lang
Schrägband, 2,5 m lang, 12 mm breit

FÜR EINEN 17"-LAPTOP

100 × 50 cm Baumwollstoff mittlerer Stärke (Außenseite)
100 × 50 cm Baumwollstoff mittlerer Stärke (Futter)
100 × 50 cm Volumenvlies aus Baumwolle oder Bambus
Reißverschluss, 70 cm lang
Schrägband, 3 m lang, 12 mm breit

FÜR BEIDE LAPTOPS

Passendes Nähgarn
Nähmaschine
Nähkasten
Kariertes Schnittmusterpapier
Zirkel

GRÖSSE

Für einen Laptop in anderer Größe sind die Maßangaben nur grobe Richtwerte. Kaufen Sie lieber etwas mehr Stoff als zu wenig.

ZUSCHNEIDEN

Hinweise zum Zeichnen der Schnittmuster siehe Seite 86.

AUS HAUPTSTOFF (AUSSENSEITE)

- 2 Rechtecke, je 3 cm breiter und 3 cm länger als der Laptop
- 1 Zwischenstreifen

AUS VOLUMENVLIES

- 2 Rechtecke, je 3 cm breiter und 3 cm länger als der Laptop
- 1 Zwischenstreifen

AUS FUTTERSTOFF

- 2 Rechtecke, je 3 cm breiter und 3 cm länger als der Laptop
- 1 Zwischenstreifen
- 1 Griff, 15 × 6 cm

DER RICHTIGE STOFF

Wir haben als Außenstoff einen Blumendruck gewählt. Wenn man die Hülle öffnet, kommt als hübsche Überraschung der rote Stoff mit Punkten zum Vorschein.

SO WIRD ES GEMACHT

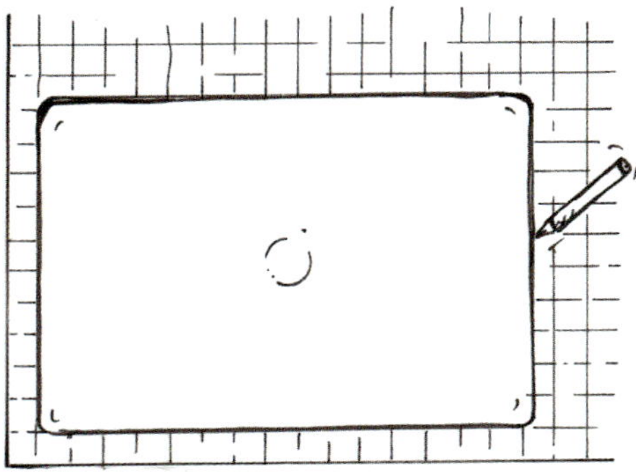

01

01 Für die Schnittmuster den Laptop auf das karierte Papier legen und die Kanten am Raster ausrichten. Die Umrisse nachzeichnen und das Papier auf den aufgedruckten Linien ausschneiden. Die abgerundeten Ecken vorerst ignorieren.

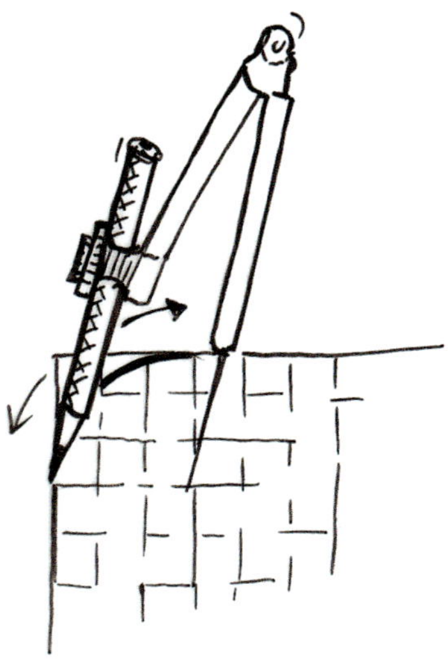

02

02 An den Ecken des Papiers mit einem Zirkel Kreisbogen mit 3 mm Durchmesser schlagen und die Rundungen schneiden. Den gesamten Umfang des Rechtecks messen und die Länge des Reißverschlusses davon abziehen. Zum Ergebnis 3 cm addieren und einen Streifen Papier in dieser Länge zuschneiden. Seine Breite entspricht der Breite des Reißverschlusses. Dies ist das Schnittmuster für den Zwischenstreifen.

DIE HAUPTTEILE QUILTEN

Ein Rechteck aus Hauptstoff quer zur Hälfte falten. Die Mitte von Ober- und Unterkante markieren. Mit selbstlöschendem Textilstift und Lineal die Markierungen verbinden, dann von dieser Linie ausgehend weitere parallele Linien in Abständen von 6 cm zeichnen. Ein Rechteck aus Futterstoff auf die Arbeitsfläche legen (linke Stoffseite oben), darauf Volumenvlies ausbreiten und den Hauptstoff (rechte Stoffseite oben) darauflegen. Alle Lagen zusammenheften. Auf den Linien quilten, dabei von der Mitte nach außen arbeiten. Das andere Hauptteil ebenso quilten.

03

03 Das Schnittmuster für das Hauptteil mittig auf ein gequiltetes Teil legen und ausschneiden. Die Kanten mit Zickzack- oder Overlockstich versäubern. Mit dem zweiten gequilteten Teil wiederholen. Beide Teile quer zur Hälfte falten und mit dem selbstlöschenden Textilstift die Mitte der Unterkante markieren.

DEN ZWISCHENSTREIFEN VORBEREITEN

04

04 Den Zwischenstreifen aus Futterstoff auf die Arbeitsfläche legen, seine linke Stoffseite liegt oben. Den Streifen aus Volumenvlies darauflegen. Zuoberst den Streifen aus Hauptstoff legen, seine rechte Stoffseite zeigt nach oben. Alles zusammenstecken, heften und die Kanten mit Zickzack- oder Overlockstich versäubern. Quer zur Hälfte falten und die Mitte beider Längskanten mit dem selbstlöschenden Textilstift markieren.

05 Den Reißverschluss schließen. Die Enden der Endstücke rechts auf rechts an die Schmalseiten des Zwischenstreifens stecken. In 1,5 cm Abstand zur Kante heften. Den so entstandenen Ring um die Kante eines Hauptteils legen, ggf. die Länge des Rings anpassen. Die gehefteten Linien steppen und die Nahtzugaben auf 6 mm zurückschneiden. Die Schnittkanten versäubern und einfassen (siehe Seite 17). Die Einfassung flach an den Zwischenstreifen heften.

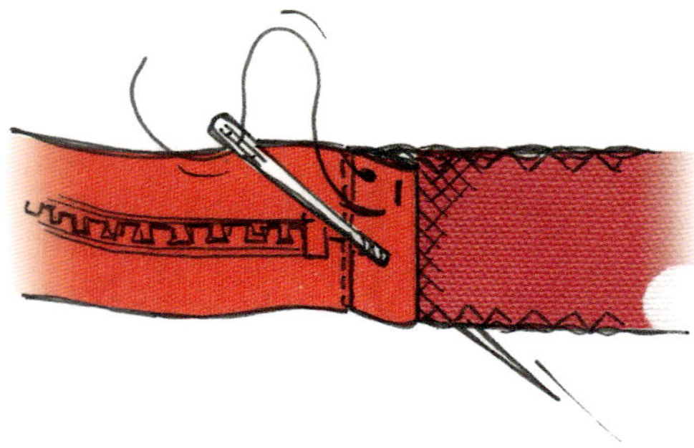
05

ALLES ZUSAMMENSETZEN

Die Mitte einer Kante des Zwischenstreifens an die untere Mitte eines Seitenteils stecken. Dann den Streifen einschließlich Reißverschluss ringsherum an der Kante des Seitenteils feststecken.

06 Zusammenheften, dabei an den Ecken viele kleine Stiche arbeiten. Die Teile langsam und sorgfältig mit 6 mm Nahtzugabe zusammennähen.

06

07 Den Reißverschluss öffnen. Die andere Seite des Zwischenstreifens ebenso an das andere Hauptteil stecken und heften. In derselben Richtung wie beim ersten Hauptteil zusammennähen, damit sich der Seitenstreifen nicht wellt. Die Nahtzugaben mit Schrägband einfassen. An den abgerundeten Ecken muss es etwas gedehnt werden.

07

08 Die Hülle auf rechts wenden und den Reißverschluss schließen. Den Griff nähen (siehe Seite 21) und auf der Seite des Schiebers mittig auf den Zwischenstreifen legen. Ein Ende so verschieben, dass sich der Griff etwas vom Zwischenstreifen hebt. Die Enden festheften und sorgfältig von Hand oder mit der Maschine festnähen.

08

DA GEHT NOCH MEHR

Dieses Modell lässt sich leicht für Laptops aller Größen abwandeln. Für ein Tablet verwenden Sie besser einen Reißverschluss in 2,5 cm Breite und schneiden den Zwischenstreifen ebenso breit zu.

TASCHEN

leicht

EINKAUFSTASCHE

In diese geräumige Tasche passen viele Bücher oder Einkäufe. Durch die abgesteppten Seitenkanten sieht sie sehr professionell aus. Sie hat die gleiche Grundform wie die Wachstuchtasche auf Seite 132. Wenn Sie eine dieser Taschen genäht haben, wird Ihnen die andere besonders leicht von der Hand gehen.

MATERIAL & ZUBEHÖR

140 × 70 cm Baumwollstoff in mittlerer Stärke (Außenseite)
100 × 60 cm Baumwollstoff in mittlerer Stärke (Futter)
Passendes Nähgarn
Nähmaschine
Nähkasten

GRÖSSE

33 × 44 × 8 cm plus Henkel

ZUSCHNEIDEN

AUS HAUPTSTOFF (AUSSENSEITE)

- 2 Hauptteile, 35 × 50 cm
- 2 Seitenteile, 10 × 46 cm
- 2 Streifen, 65 × 8 cm, für die Griffe
- 1 Innentasche, 20 × 15 cm

AUS FUTTERSTOFF

- 2 Hauptteile, 35 × 48 cm
- 2 Seitenteile, 10 × 43 cm

01

HAUPTSTOFF

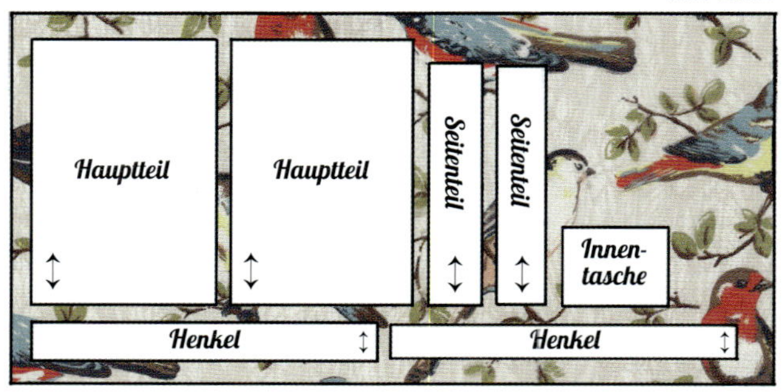

FUTTERSTOFF

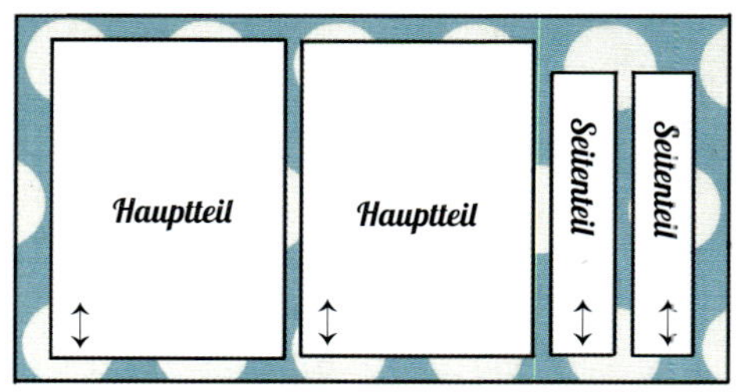

SO WIRD ES GEMACHT

DIE HAUPTTEILE ZUSAMMENSETZEN

Die Hauptteile rechts auf rechts legen und die Unterkanten zusammenstecken. Heften, dann mit 1 cm Nahtzugabe nähen. Die Nahtzugabe zu einer Seite bügeln. Zur zusätzlichen Verstärkung die Naht von rechts absteppen (siehe Seite 15).

DIE SEITENTEILE EINSETZEN

01 Mit einem selbstlöschenden Textilstift die 1 cm breite Nahtzugabe an der Unterkante eines Seitenteils anzeichnen. Die Mitte markieren (5 cm Abstand zu den Ecken) und die Nahtzugabe an den Längsseiten anzeichnen. Rechts auf rechts auf die Hauptteile legen, die Mittelmarkierung liegt auf der Bodennaht. Stecken und heften. Die Naht steppen, die seitlichen Nahtzugaben bleiben offen. Anfang und Ende der Naht gut verriegeln.

LEICHT GEMACHT

Das Futter macht die Tasche strapazierfähiger. Wenn Sie es weglassen möchten, versäubern Sie die innen liegenden Nahtzugaben (siehe Seite 17). An der Oberkante muss dann ein 15 mm breiter doppelter Saum gearbeitet werden.

02

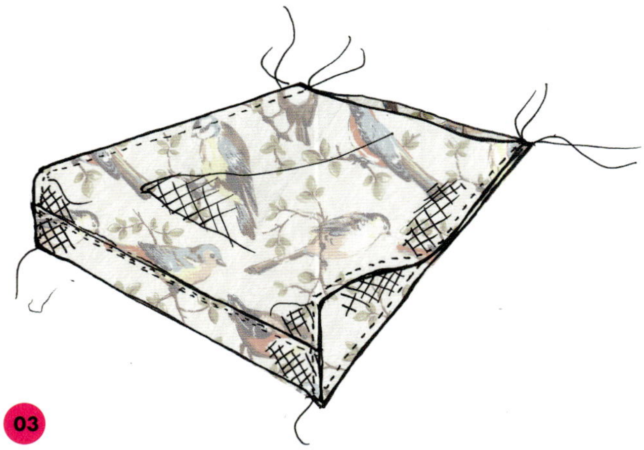

03

04

05

02 Die losen Ecken anheben und die Nahtzugaben des Hauptteils hier einschneiden. 3 mm Abstand zur Naht halten. So lässt sich der Stoff besser um die Ecken legen.

Die Seitenkanten der Hauptteile an die Kanten des Seitenteils stecken. Die Nadel an einem Ende der Quernaht einstechen, den Nahtanfang verriegeln, dann die Naht von unten nach oben schließen.

03 Die zweite Seitennaht ebenso schließen. Dann das andere Seitenteil einsetzen.

DIE INNENTASCHE AUFSETZEN

Seiten- und Unterkanten der Innentasche 1 cm breit nach links umbügeln. An der Oberkante einen 1 cm breiten doppelten Saum umbügeln, heften und zweimal absteppen: in 3 mm und 8 mm Abstand zur Kante.

04 Die Innentasche mittig 6 cm unter der Oberkante auf ein Futterteil legen. Feststecken, heften und Seiten- und Unterkanten mit 3 mm Kantenabstand feststeppen. Anfang und Ende der Naht mit einigen Rückwärtsstichen verriegeln.

DAS FUTTER NÄHEN

Die Futterteile rechts auf rechts legen und entlang der Unterkante zusammenstecken. Steppen, dabei in der Mitte eine 20 cm lange Öffnung lassen. Die Nahtzugabe auseinanderbügeln – auch im Bereich der Öffnung. Dann die Seitenteile wie bei der Außenseite einsetzen. Die Nahtzugaben auseinanderbügeln und das Futter auf rechts wenden.

DAS FUTTER IN DIE TASCHE NÄHEN

05 Das Futter in die äußere Tasche schieben und alle vier Nähte aufeinander ausrichten. Die Oberkanten zusammenstecken, heften und mit 1 cm Nahtzugabe mit der Maschine zusammennähen. Die Nahtzugabe zum Hauptstoff bügeln. Dadurch verstärkt sie die Öffnung. (Sie lässt sich auch festheften wie auf Seite 97 bei der Handtasche beschrieben.)

Die Tasche durch die Öffnung im Futter auf rechts wenden. Die Öffnung von Hand zunähen und das Futter wieder in die Tasche schieben.

Tipp … Zum Verkleinern der Tasche müssen Sie nur die Größe aller Schnittmusterteile reduzieren. Wenn Sie die Seitennähte nicht absteppen, sieht die Tasche weniger kastig aus.

Die obere Nahtlinie so zurechtschieben, dass sie 1 cm unter der Oberkante liegt. Eine Runde Heftstiche in 8 mm Abstand zur Kante um die Öffnung arbeiten. Dann von innen exakt in der Naht mit der Maschine absteppen.

06

DIE KANTEN ABSTEPPEN

06 Eine Seitenkante so falten, dass die Nahtlinie an der Außenkante liegt. Durch alle vier Lagen (Hauptstoff, Futter und die Nahtzugaben) heften. Die Kante von oben nach unten absteppen. Die Steppnaht endet 1 cm vor der unteren Ecke. Die übrigen Seiten ebenso absteppen.

07

DIE GRIFFE ANSETZEN

07 Gemäß Anleitung auf Seite 21 aus den Stoffstreifen zwei Griffe nähen. Einen Griff an die Vorderseite der Tasche stecken. Die Außenkanten sind 8 cm von den Ecken entfernt, die Schmalseite endet 5 cm unterhalb der Taschenoberkante. Heften und mit einem durchkreuzten Quadrat aufsteppen (siehe Seite 21). Den zweiten Griff ebenso festnähen.

leicht

BLUMENHANDTASCHE

Wenn Sie noch nie eine Handtasche genäht haben, weckt dieses hübsche Modell vielleicht Ihre Lust. Diese Tasche hat nur gerade Nähte und ist deshalb schnell fertig. Und weil sie klein und handlich ist, erfordert sie außerdem nicht viel Stoff. Ich habe hier einen ausdrucksvollen Blumendruck mit einem einfarbigen Futter kombiniert.

MATERIAL & ZUBEHÖR

90 × 60 cm Baumwollstoff in mittlerer Stärke für die Außenseite der Tasche
90 × 50 cm Baumwollstoff in mittlerer Stärke für das Futter
Passendes Nähgarn
Nähmaschine
Nähkasten

GRÖSSE

25 × 25 × 14 cm zuzüglich Griffe

ZUSCHNEIDEN

AUS HAUPTSTOFF (AUSSENSEITE)

- 2 Quadrate, je 40 × 40 cm, für Vorder- und Rückseite
- 2 Streifen, je 50 × 10 cm, für die Griffe

AUS FUTTERSTOFF

- 2 Rechtecke, je 40 × 30 cm

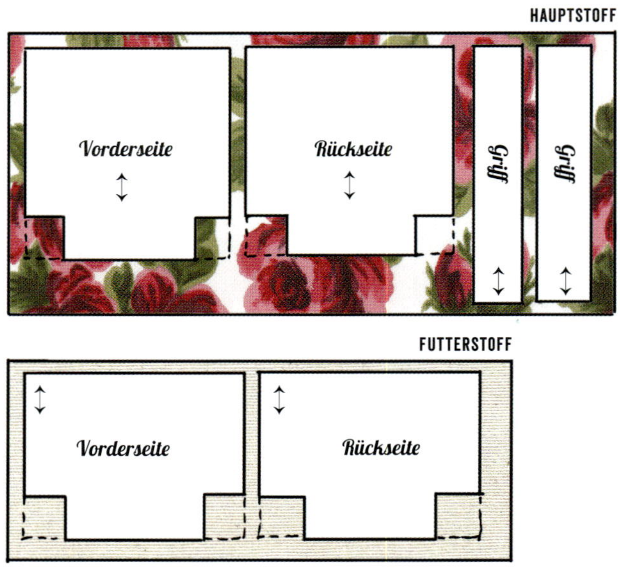

SO WIRD ES GEMACHT

DIE ÄUSSERE TASCHE NÄHEN

01

01 Aus den unteren Ecken der Hauptteile aus Haupt- und Futterstoff Quadrate mit 7 cm Kantenlänge herausschneiden. Vorder- und Rückseite aus Hauptstoff rechts auf rechts aufeinanderlegen. Seiten- und Unterkanten stecken und mit der Maschine mit 1 cm Nahtzugabe zusammennähen. Die Nahtzugaben auseinanderbügeln.

Nun jede Seite so zusammenfalten, dass die Seitennaht auf der Bodennaht liegt, und die Quernaht schließen (siehe Seite 15).

Baudelaire

Tipp ... Falls nötig, können Sie die Tasche einfach im Feinwaschprogramm in die Waschmaschine stecken. Durch das Waschen wird der Stoff etwas weicher und die Tasche wirkt noch lässiger.

02

03

DAS FUTTER NÄHEN

02 Vorder- und Rückseite wie für die äußere Tasche zusammennähen, aber in der Bodennaht eine 15 cm lange Öffnung lassen. Die Nahtzugaben der Bodennaht – auch an beiden Seiten der Öffnung – auseinanderbügeln.

Die Quernähte an den unteren Ecken steppen und das Futter auf rechts wenden.

ZUSAMMENNÄHEN

03 Das Futter in die Tasche schieben. Die Stoffe liegen nun rechts auf rechts. Zuerst die Seitennähte ausrichten und aufeinanderstecken, dann die Oberkanten ringsum zusammenstecken. Mit 1 cm Nahtzugabe zusammensteppen.

04 Die Tasche durch die Öffnung im Futter auf rechts wenden. Die Nahtzugabe nach unten heften, sodass sie über dem Futter liegt. Dabei am besten eine Hand durch die Nahtöffnung stecken, damit nicht versehentlich der Oberstoff mitgefasst wird. Danach die Öffnung ir der Futternaht mit Blindstichen (siehe Seite 19) von Hand schließen.

04

DIE OBERKANTE ABSTEPPEN

05 Den Oberstoff an der Taschenöffnung 4,5 cm nach innen einschlagen und festheften. Genau messen, damit die Brei-e einheitlich ausfällt. Ringsherum von innen auf dem Futter in 3 mm Abstand zur Ansatznaht absteppen. Die Oberkante der Tasche leicht bügeln.

05

DIE GRIFFE ANNÄHEN

06 Die Griffe nähen (siehe Seite 21) und so an die Oberkante stecken, dass ihre Außenkanten 10 cm von den Ecken entfernt sind. Ihre Schmalseiten liegen auf der umlaufenden Stepplinie. Heften und mit einem durchkreuzten Rechteck aufsteppen (siehe Seite 21).

06

DA GEHT NOCH MEHR

Anstelle der Stoffgriffe können Sie auch fertige Ledergriffe oder zwei Streifen stabiles Gewebeband verwenden.

mittel

SEGELTUCHTASCHE

Diese praktische Tasche ist aus strapazierfähigem Segeltuch genäht, aber die Griffe haben ein hübsches Blumenmuster. Derselbe Blumenstoff wird auch für das Futter der Vortasche und die Einfassungen der Nähte verwendet. Das Einfassen von Nähten, die auf der Innenseite liegen, ist hauptsächlich in der Konfektionsschneiderei üblich. Hier sorgt es dafür, dass die Tasche innen ebenso sauber und professionell aussieht wie außen.

SEGELTUCH

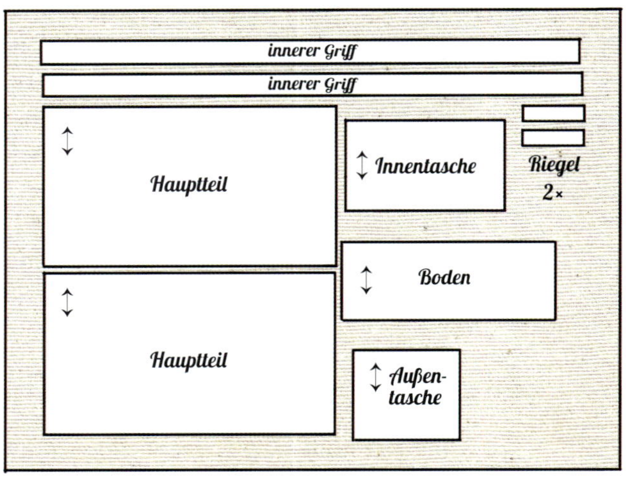

GEBLÜMTER STOFF

MATERIAL & ZUBEHÖR

110 × 80 cm ungebleichtes Segeltuch
110 × 50 cm geblümter Stoff
Nähgarn in den Farben beider Stoffe
1 robuster Druckknopf, 8 mm Durchmesser
Nähmaschine
Nähkasten
Jeansnadel für die Nähmaschine

GRÖSSE

Ca. 40 × 15 × 30 cm

ZUSCHNEIDEN

AUS SEGELTUCH

- 2 Hauptteile, je 55 × 30 cm
- 1 Innentasche, 30 × 20 cm
- 1 Außentasche, 20 × 18 cm
- 2 innere Griffe, je 100 × 5 cm
- 1 Boden, 40 × 15 cm
- 2 Riegel, je 15 × 3,5 cm

AUS GEBLÜMTEM STOFF

- 4 seitliche Einfassstreifen, 30 × 3 cm
- 1 Futter für Innentasche, 30 × 22 cm
- 1 Futter für Außentasche, 20 × 20 cm
- 1 Einfassstreifen für den Boden, 105 × 4 cm
- 2 Riegel, 15 × 3,5 cm
- 2 äußere Griffe, 100 × 12 cm

DER RICHTIGE STOFF

Ungebleichtes Segeltuch ist so stabil, dass es nicht gefüttert werden muss. Es gibt einen schönen Hintergrund für das nostalgische Minimuster der Griffe ab. Vielleicht möchten Sie dazu nach der Anleitung des Federmäppchens auf Seite 128 ein Schminktäschchen nähen?

DA GEHT NOCH MEHR

Durch die Druckknöpfe an den Seiten wird die Tasche wandelbar. Wenn sie geschlossen sind, hat sie eine ganz andere Form. Diese Idee können Sie auch bei anderen Taschen anwenden.

SO WIRD ES GEMACHT

DIE TEILE VORBEREITEN

Die Positionen der Griffe auf den Hauptteilen anzeichnen: Mit Lineal und selbstlöschendem Stift senkrechte Linien in 15 cm Abstand zu den Seitenkanten ziehen. Die Seitenkanten der Taschenteile mit den geblümten Streifen einfassen (siehe Seite 17).

01

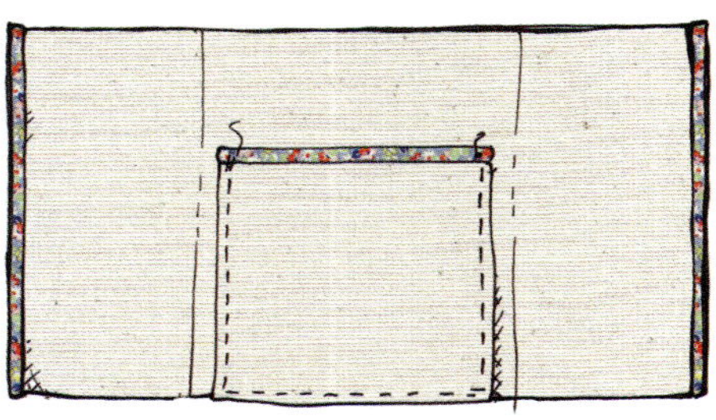

02

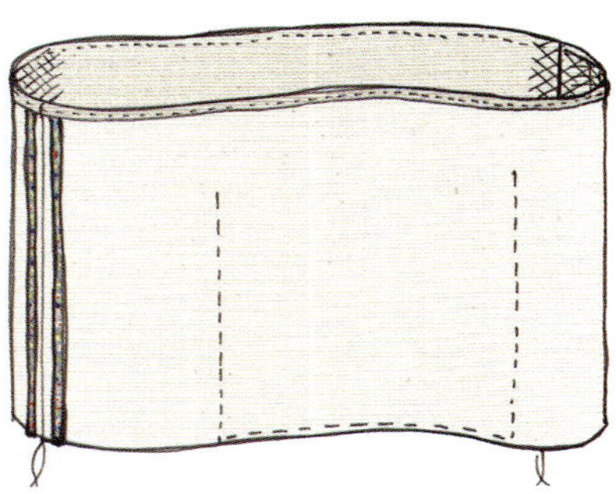

03

04

INNEN- UND AUSSENTASCHE

Die Arbeitsweise ist bei beiden Taschen gleich. Die Oberkanten von Taschen- und Futterstoff rechts auf rechts zusammenheften. Mit 1 cm Nahtzugabe zusammensteppen.

01 Die Nahtzugabe zum Futter bügeln. Das Futter zur linken Stoffseite des Oberstoffs umklappen, sodass oben ein schmaler Streifen Futterstoff sichtbar bleibt. Seiten- und Unterkanten zusammenheften. Die Oberkante leicht bügeln.

02 Die Außentasche mittig auf ein Taschenteil stecken. Die Unterkanten liegen aufeinander.

DIE HAUPTTEILE ZUSAMMENSETZEN

Die Hauptteile rechts auf rechts an den Seiten- und Unterkanten zusammenstecken, mit 15 mm Nahtzugabe zusammensteppen. Die Nahtzugaben auseinanderbügeln.

03 Die Oberkante 6 mm, dann 12 mm nach links umbügeln. Den doppelten Saum heften und knappkantig feststeppen. Die Tasche auf rechts wenden.

DIE GRIFFE NÄHEN

04 Beide Längskanten eines äußeren Griffs 1 cm nach links umbügeln. Den Streifen der Länge nach zur Hälfte falten und bügeln. Einen inneren Griff unter den unteren Einschlag schieben, dann den äußeren Griff darüberklappen, sodass das Segeltuch bedeckt ist. Durch alle Lagen zusammenheften. Die Längskanten mit 3 mm Nahtzugabe und Garn, das zum gemusterten Stoff passt, zusammennähen.
In 40 cm Abstand zu jedem Ende eine Stecknadel einstecken. Den Griff zur Hälfte falten, die Längskanten zwischen den Stecknadeln zusammenheften. Die Kanten in der Naht zusammensteppen, die Nahtenden verriegeln. Den zweiten Griff ebenso nähen.

DIE GRIFFE ANNÄHEN

Einen Griff an das Taschenvorderteil stecken. Sein Mittelbruch zeigt nach außen und die äußeren Kanten liegen an den gezeichneten Linien. Die inneren Kanten decken die Seiten der Außentasche ab. Den Griff sorgfältig festheften.

05 Beide Seiten des Griffs knappkantig auf die Tasche steppen und unter dem oberen Rand Verstärkungsvierecke steppen (siehe Seite 21). Den zweiten Griff ebenso an die Rückseite nähen.

DIE INNENTASCHE EINNÄHEN

06 Die Tasche auf links wenden. Die Seitenkanten der Innentasche 1 cm nach links bügeln. Die Innentasche mittig auf die linke Seite der Taschenrückseite stecken. Die Unterkanten liegen aufeinander. Die Seiten der Innentasche mit Garn in der Farbe des Segeltuchs knappkantig feststeppen.

DEN BODEN ANSETZEN

Die Tasche auf links drehen. An Unterkanten und Boden mit einem selbstlöschenden Textilstift eine Nahtzugabe von 1 cm anzeichnen. An den Schmalseiten des Bodens Mittelmarkierungen anbringen. Diese Markierungen rechts auf rechts an die Seitennähte der Tasche stecken, dann die Seitenkanten des Bodens feststecken. Die Nahtzugaben an den Ecken bleiben offen.

07 Die Nahtzugabe der Tasche an diesen Ecken 8 mm tief einschneiden, damit sie sich spreizt. Die Längsseiten des Bodens an die Tasche stecken und sorgfältig heften. Dann mit 1 cm Nahtzugabe feststeppen. Die Nahtzugaben mit Stoffstreifen einfassen.

DIE RIEGEL NÄHEN

Die Schmalseiten der Riegel aus Segeltuch 1 cm nach links umbügeln, danach auch die Längsseiten 1 cm nach links umbügeln. Mit den Riegeln aus Futterstoff ebenso verfahren. Je einen Riegel aus Segeltuch und einen aus Futterstoff links auf links aufeinanderlegen und auf der Futterseite knappkantig zusammensteppen.

08 Das Unterteil eines Druckknopfs am Ende eines Riegels auf der Segeltuchseite befestigen, das Gegenstück auf der Futterseite des anderen Riegels. Die freien Enden der Riegel direkt unter dem oberen Saum auf die Seitennähte steppen. Der Blumenstoff zeigt nach oben.

05

06

07

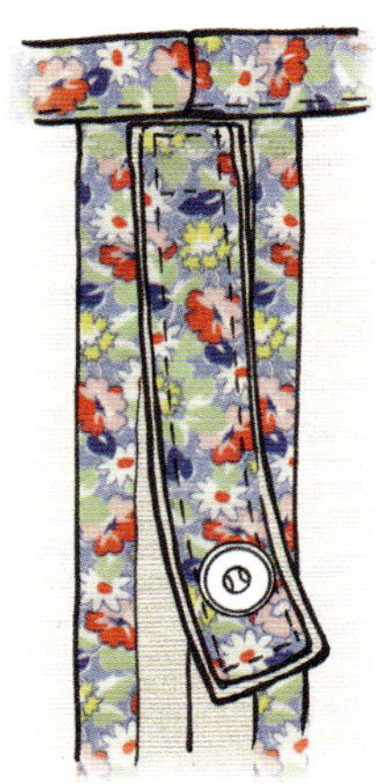

08

mittel

FÜR DIE YOGAMATTE

Diese praktische, längliche Tasche hat eine Zugschnur im oberen Rand und einen Griff, den man über die Schulter hängen kann. Sie können daran lernen, einen kreisförmigen Boden an einen Stoffschlauch zu nähen. Wenn Sie diese Technik beherrschen, können Sie runde Taschen in allen Größen und Formen nähen, aber auch runde Kissen und Polster.

MATERIAL & ZUBEHÖR

VORLAGE AUF SEITE 155

80 × 70 cm Baumwollstoff in mittlerer Stärke für die Außenseite der Tasche
80 × 70 cm dünner Baumwollstoff für das Futter
Robustes Gewebeband, 80 cm lang, 4 cm breit
Baumwollkordel, 60 cm lang, 5 mm Durchmesser
Kordelstopper mit Feder
Passendes Nähgarn
Nähmaschine
Nähkasten
Jeansnadel für die Nähmaschine

GRÖSSE

Der Beutel passt für eine Standard-Yogamatte mit 60 cm Breite, die fest aufgerollt einen Umfang von 40 cm hat. Für eine Matte mit anderen Abmessungen müssen Sie die Höhe des Beutels oder den Bodendurchmesser verändern.

ZUSCHNEIDEN

AUS DEM HAUPTSTOFF (AUSSENSEITE)

- 1 Hauptteil, 50 × 65 cm
- 1 Tunnel, 52 × 6 cm
- 1 Boden, 17 cm Durchmesser
- 4 Endstücke für die Kordel (gemäß Vorlage)

AUS DEM FUTTERSTOFF

- 1 Hauptteil, 50 × 65 cm
- 1 Boden, 17 cm Durchmesser
- 1 Verstärkungsflicken, 6 × 6 cm

DER RICHTIGE STOFF

Versuchen Sie, einen Stoff zu finden, der zur Farbe Ihrer Yogamatte passt! Die längliche Form der Tasche bietet sich für große, plakative Muster an.

01

02

03

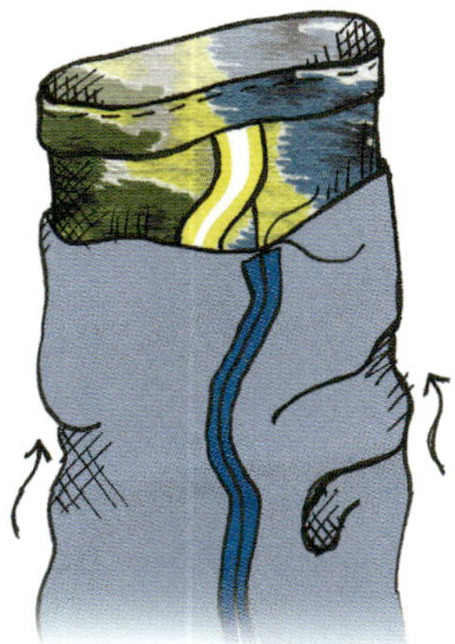

04

DA GEHT NOCH MEHR

Anstelle des Gewebebands können Sie auch einen Griff aus einem 80 × 10 cm großen Stoffstreifen nähen (siehe Seite 21).

SO WIRD ES GEMACHT

DEN BEUTEL NÄHEN

Das Hauptteil rechts auf rechts längs zur Hälfte falten. Die Seitenkanten aufeinanderstecken und heften. So entsteht ein Zylinder. Mit 1 cm Nahtzugabe zusammennähen. Die Nahtzugaben auseinanderbügeln und den Zylinder auf rechts wenden.

01 Die Enden des Gewebebands mittig auf das obere und untere Ende der Naht stecken. Die oberen 8 cm jedes Bandendes auf den Taschenstoff heften. Die Tasche wieder auf links drehen. Ein Quadrat mit 3,5 cm Kantenlänge auf den Verstärkungsflicken zeichnen, zwei Diagonalen ins Quadrat zeichnen. Den Flicken 3 cm unter der Oberkante mittig auf die Naht legen und festheften. Dabei durch das Band auf der anderen Seite stechen.

02 Eine stabile Jeansnadel in die Maschine einsetzen, die leicht alle Stofflagen durchsticht. Auf den vorgezeichneten Linien steppen. Die Tasche wieder auf rechts wenden.

DEN TUNNEL ANNÄHEN

Die Schmalseiten des Tunnels 2 cm nach links einschlagen und feststeppen. Quer zur Hälfte falten und die Mitte der Längsseiten mit einer Stecknadel markieren.

03 Den Tunnel rechts auf rechts kantengenau an die Oberkante der Tasche stecken. Die Mittelmarkierung des Tunnels liegt auf der Naht der Tasche.

DAS FUTTER EINSETZEN

Den Futterstoff genau wie den Stoff für die Außenseite der Tasche zu einem Zylinder zusammenstecken. Heften, die Naht mit 1 cm Nahtzugabe steppen und die Nahtzugaben auseinanderbügeln.

04 Das Futter über die Tasche ziehen. Die beiden Teile liegen rechts auf rechts. Die Nähte an der Oberkante aufeinander ausrichten. Alle Lagen entlang der Oberkante zusammenstecken, dann ringsherum mit 1 cm Nahtzugabe steppen. Das Futter hochziehen, sodass seine rechte Seite außen liegt, und den Außenstoff durch die Öffnung hineinschieben. Der Tunnel steht jetzt über die Oberkante hinaus und der Oberstoff steckt links auf links im Futter. Die Oberkante bügeln. Futter und Oberstoff entlang der Unterkanten zusammenheften.

DEN BODEN ANSETZEN

Den Kreis aus Futterstoff auf die linke Seite des Taschenbodens stecken. Beide ringsherum am Rand zusammenheften. Den Boden rechts auf rechts an die Unterkante der Tasche nähen. Wie das gemacht wird, ist auf Seite 15 nachzulesen.

05 Zweimal (der Stabilität wegen) mit 1 cm Nahtzugabe um die äußere Kante steppen. Dabei liegt der Oberstoff oben. Die Stoffkanten mit Zickzack- oder Overlockstich versäubern. (Perfektionistinnen können sie auch mit Schrägband einfassen.) Den Beutel noch einmal auf rechts wenden.

DIE KORDEL EINZIEHEN

Eine kleine Sicherheitsnadel an einem Ende der Baumwollkordel befestigen. In die Öffnung des Tunnels schieben, durch den Tunnel führen und aus der Öffnung wieder herauskommen. Den Knopf am Kordelstopper drücken und beide Enden durch das Loch ziehen.

LETZTE FEINHEITEN

06 Die Endstücke paarweise rechts auf rechts aufeinanderstecken. Seiten- und Unterkanten mit 1 cm Nahtzugabe zusammennähen. Die Nahtzugaben auf ca. 4 mm zurückschneiden. Auf rechts wenden und die Ecken herausdrücken. Auf jedes Kordelende ein Endstück schieben und von Hand oder mit der Maschine sorgfältig festnähen.

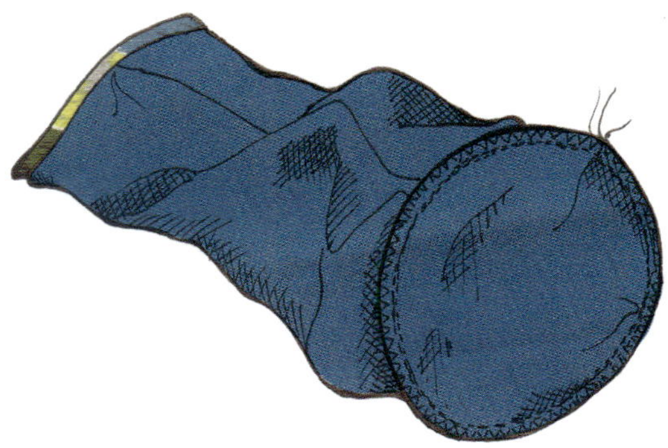

05

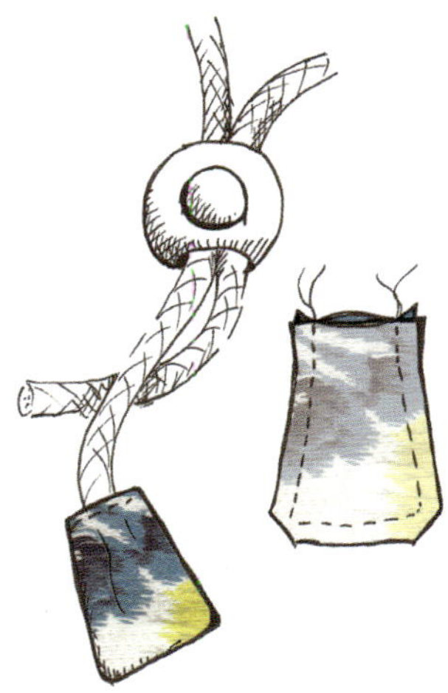

06

Tipp ... Wenn die Enden der Kordel ausfransen, umwickeln Sie sie fest mit Klebeband. Dann lassen sie sich leichter durch den Stopper fädeln.

mittel

SPORTTASCHE

Die leichte, ungefütterte Tasche mit dem praktischen Reißverschluss sieht toll aus und ist außerdem erstaunlich geräumig. Und wenn sie gerade einmal nicht benutzt wird, lässt sie sich platzsparend zusammenfalten.

MATERIAL & ZUBEHÖR

110 × 85 cm Baumwollstoff in mittlerer Stärke
Stabiles Gewebeband, 213 cm lang, 4 cm breit, für die Griffe
Reißverschluss, 50 cm lang
Passendes Nähgarn
Nähmaschine
Nähkasten

GRÖSSE

48 × 23 cm, zuzüglich Griffe

ZUSCHNEIDEN

AUS STOFF

- 1 Hauptteil, 50 × 80 cm
- 2 Reißverschlussendstücke, 6 × 10 cm
- 2 runde Seitenteile, 25 cm Durchmesser

DER RICHTIGE STOFF

Durch das gestreifte Band bekommt dieses Modell besonderen Pep. So eine Tasche lässt sich nirgends kaufen. Zur rundlichen Form passen große Vintage-Blumenmuster gut. Ich habe einen alten Vorhang aus den 1950er-Jahren verwertet und war sehr froh, ein Band zu finden, das die Farbe der Blumen so schön betont.

SO WIRD ES GEMACHT

DIE TEILE VORBEREITEN

Die beiden Enden des Gewebebands zusammenstecken, dabei nicht verdrehen. Eine stabile Maschinennadel einsetzen und in 2 cm Abstand zu den Enden zusammennähen. Die Nahtzugaben auseinanderbügeln. Ober- und Unterkante des Taschenteils mit Zickzack- oder Overlockstich versäubern, dann diese Kanten 1 cm nach links umbügeln. Die Seitenkanten 15 cm nach innen einschlagen und bügeln. Diese Kniffe markieren die Positionen der Griffe. In 9 cm Abstand zu Ober- und Unterkanten Stecknadeln in diese Kniffe stecken.

DAS BAND AUF DAS HAUPTTEIL NÄHEN

Das Hauptteil auf einer Arbeitsfläche ausbreiten. Das Band darauflegen, die Naht liegt ungefähr in der linken Mitte, Nahtzugaben unten. An der Naht beginnen und die innere Kante des Bandes bis zur oberen linken Markierungsnadel an den eingebügelten Kniff stecken.

01 Auf der Bandschlaufe 55 cm abmessen und eine Nadel einstecken. Sie markiert die Länge des Griffs. Die Nadel an der oberen rechten Markierungsnadel ausrichten, die Innenkante des Bandes am rechten Kniff anlegen und bis zur unteren rechten Markierungsnadel feststecken. Den linken Teil des Bandes bis zur unteren linken Markierungsnadel feststecken.

02 Das Band festheften, dann beide Seiten knappkantig mit passendem Garn feststeppen. An den unteren Enden der Griffe Verstärkungsquadrate steppen.

DEN REISSVERSCHLUSS EINSETZEN

Das Hauptteil ausbreiten, die rechte Stoffseite zeigt nach unten. Den Reißverschluss mittig an die Oberkante des Hauptteils legen. Die Zähne zeigen nach unten und liegen knapp neben dem Bruch. Den Reißverschluss halb schließen. Mit dem Reißverschlussfuß 6 mm neben dem Bruch steppen. Zwischendurch den Schieber verschieben (siehe Seite 20). Die andere Seite des Reißverschlusses ebenso an die Unterkante des Taschenteils nähen.

DIE ENDSTÜCKE NÄHEN

03 Die Endstücke der Länge nach rechts auf rechts zur Hälfte falten. Stecken und mit 1 cm Nahtzugabe steppen. Die Stoffschläuche wenden, bügeln und quer zur Hälfte falten. Über jedes Reißverschlussende ein Endstück heften, dabei die Schnittkanten exakt ausrichten. Die Endstücke mit zwei großen Kreuzstichen fixieren. Die runden Seitenteile einnähen (siehe Seite 15). Die Nahtzugaben mit Zickzack- oder Overlockstich versäubern, dann die Tasche auf rechts wenden.

01

02

03

DA GEHT NOCH MEHR

Die Proportionen des Zylinders lassen sich leicht ändern, Sie brauchen dafür nur einen Taschenrechner und ein paar Geometriekenntnisse. Zuerst den Durchmesser der runden Seitenteile (= Höhe der fertigen Tasche) festlegen und 2 cm für die Nahtzugaben addieren. Dann dieses Maß mit 3,1 multiplizieren, um den Umfang zu ermitteln. Wieder 2 cm Nahtzugabe addieren und Sie haben die Länge des Hauptteils.

schwer

TASCHE FÜR ALLE FÄLLE

Dieser Taschentyp ist ein echter Klassiker. Form und Größe sind ideal für eine Badetasche, eine Picknicktasche oder eine Tasche für Strickzeug und Zubehör. Sie hat sechs geräumige Extrafächer: drei vorn, ein höheres an jeder Seite und ein breites hinten. Weil sie keine Rundungen und scharfen Ecken hat, ist sie ein hervorragendes Übungsmodell. Wichtig ist, alle Nähte akkurat zu stecken und zu heften. Bei mehr als zwei Stofflagen müssen Sie langsam nähen, damit die Nahtzugabe gleichmäßig ausfällt.

HAUPTSTOFF MIT BLUMEN

FUTTERSTOFF

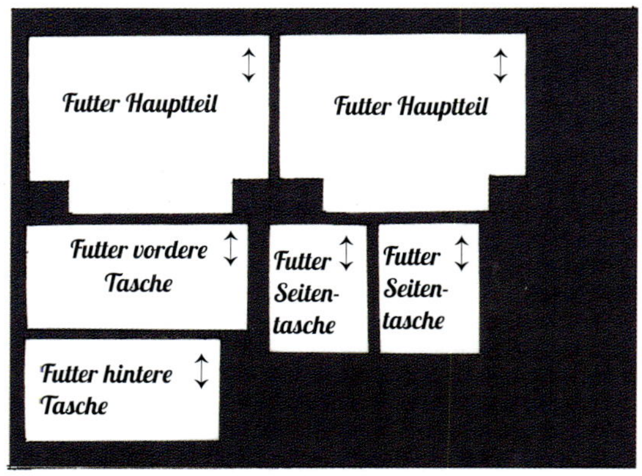

MATERIAL & ZUBEHÖR

145 × 100 cm dicker Baumwollstoff mit Blumen für die Außenseite
145 × 100 cm einfarbiger Baumwollstoff in mittlerer Stärke für das Futter
Passendes Nähgarn
Stabiles Baumwollgewebeband, 125 cm lang, 4 cm breit
Nähmaschine
Nähkasten
Jeansnadel für die Nähmaschine

GRÖSSE

40 × 30 × 20 cm

ZUSCHNEIDEN

AUS GEBLÜMTEM HAUPTSTOFF

- 2 Hauptteile, je 40 × 32 cm (vorn und hinten)
- 2 Seitenteile, je 20 × 32 cm
- 1 vordere Tasche, 52 × 24 cm
- 1 hintere Tasche, 44 × 24 cm
- 2 Seitentaschen, je 24 × 28 cm
- 1 Boden, 20 × 40 cm

AUS EINFARBIGEM FUTTERSTOFF

- 1 Futter für die vordere Tasche, 50 × 23,5 cm
- 1 Futter für die hintere Tasche, 50 × 23,5 cm
- 2 Futter für die Seitentaschen, je 24 × 27,5 cm
- 2 Futter-Hauptteile, je 58 × 42 cm

DER RICHTIGE STOFF

Ich habe für die Außenseite einen kräftigen Baumwollstoff verwendet und für das Futter einen einfarbigen Baumwollstoff. Dadurch stehen die Wände der Tasche von selbst und die Tasche bleibt auch in Form, wenn sie voll ist. Sie können auch einen Möbelbezugsstoff in ähnlicher Stärke verarbeiten. Am besten wählen Sie ein flächiges Muster, in dem Versätze an den Nähten nicht auffallen.

Cath Kidston
London

Tipp … Setzen Sie unbedingt zuerst eine stabile Jeansnadel in die Nähmaschine ein, weil Sie durch mehrere Lagen dicken Stoffes nähen müssen.

01

SO WIRD ES GEMACHT

DIE TASCHEN FÜTTERN

Eine Seitentasche rechts auf rechts auf das dazugehörige Futterteil legen. Die Oberkante zusammenstecken, heften und mit 1 cm Nahtzugabe steppen. Die Nahtzugabe zum Futter bügeln. Das Futter von rechts mit Garn in der Farbe des Futterstoffs in 3 mm Abstand zur Naht absteppen (siehe Seite 15)

Die Unterkanten links auf links zusammenstecken. An der Oberkante des Futters ist nun ein schmaler Streifen des Oberstoffs zu sehen. Die Seitenkanten zusammenstecken. Dann alle drei Kanten mit 4 mm Nahtzugabe zusammennähen.

01 Die andere Seitentasche und die größeren vorderen und hinteren Taschen ebenso nähen.
Dann alle leicht bügeln.

SEITENTEILE UND RÜCKSEITE

Die linke und rechte Kante eines Seitenfachs an die Kanten eines Seitenteils stecken. Auf der vorhandenen Stepplinie festnähen. Das Fach ist 4 cm breiter als das Seitenteil. Die Mehrweite wird in Falten gelegt und sorgt für das Volumen.

02 In 2 cm Abstand zur unteren linken Ecke eine 1 cm tiefe Falte einlegen und festheften. An der unteren rechten Ecke wiederholen. Die Unterkanten wieder in der vorhandenen Stepplinie zusammennähen.

Das andere Seitenfach und Seitenteil sowie das hintere Fach und die Rückseite ebenso zusammensetzen.

02

DIE VORDERSEITE ZUSAMMENSETZEN

Das vordere Fach wird in Falten gelegt und durch Teilungsnähte in drei Fächer unterteilt. Mit Schneiderkreide in 17 cm Abstand zu den Seitenkanten senkrechte Striche ziehen. Dies sind die Nahtlinien der Teilungsnähte. Auf der rechten Stoffseite des Taschenvorderteils in 13,5 cm Abstand zu den Seitenkanten dünne Linien anzeichnen.

03

03 Die Linien auf dem vorderen Fach auf den Linien auf dem Hauptteil ausrichten. Stecken, dann beide Teile dicht neben den Linien zusammenheften. Auf den Kreidestrichen steppen. Auf den letzten 2 cm vor der Oberkante des Faches zur Verstärkung mehrmals hin- und hernähen. Die Seitenkanten stecken, heften und mit 5 mm Nahtzugabe zusammennähen.

04

04 Die Ecken wie bei den anderen Fächern in Falten legen und heften. Dann zu beiden Seiten jeder Teilungsnaht ebenfalls 1 cm tiefe Falten einlegen. Die Unterkante in der vorhandenen Nahtlinie steppen, um alle Falten zu fixieren.

DIE TASCHE ZUSAMMENSETZEN

05

05 Die beiden Seitenteile an das Vorderteil stecken, die Fächer liegen innen. Von oben nach unten mit 1 cm Nahtzugabe zusammennähen. 15 mm vor Ende der Naht anhalten und beide Nahtenden mit Rückwärtsstichen sorgfältig verriegeln. Die Rückseite ebenso einsetzen. Die Tasche über das Bügelbrett schieben und alle Nahtzugaben sorgfältig auseinanderbügeln.

06

06 Den Boden rechts auf rechts an die Tasche stecken. Die offenen Nahtzugaben an den Ecken spreizen sich nun und liegen flach am Boden an. Heften, dann ringsherum mit 1,5 cm Nahtzugabe festnähen. Dabei liegt die Tasche oben und der Boden unten. Die Ecken mit Vor- und Rückwärtsstichen verstärken. Die Nahtzugaben an den Ecken schräg abschneiden, dabei 5 mm Abstand zur Naht halten.

07

DAS FUTTER VORBEREITEN

07 Aus den unteren Ecken der Futterteile 8 cm große Quadrate herausschneiden. Die beiden Teile an Seiten- und Unterkanten zusammenstecken. Die Seiten mit 1 cm Nahtzugabe zusammennähen. In der Bodennaht nur ca. 3 cm an jedem Ende steppen. Die Nahtenden gut verriegeln. Die Nahtzugaben – auch entlang der Öffnung in der Bodennaht – auseinanderbügeln. Nun die Ecken so falten, dass Seiten- und Bodennaht aufeinanderliegen. Die kurze Quernaht stecken, heften und mit 1 cm Nahtzugabe steppen (siehe Seite 15).

08

ALLES ZUSAMMENFÜGEN

08 An beiden Taschen-Seitenteilen die Mitte mit einer Stecknadel markieren. Das Futter rechts auf rechts in die Tasche schieben, seine Seitennähte liegen an den Markierungsnadeln. Die Oberkanten zusammenstecken, heften und mit 1 cm Nahtzugabe steppen. Die Tasche durch die Öffnung in der Bodennaht auf rechts wenden. Das ist ein bisschen knifflig, klappt aber mit etwas Geduld. Die umgebügelten Kanten der Nahtöffnung von Hand oder mit der Maschine zusammennähen. Das Futter in die Tasche schieben. Die Oberkante leicht bügeln.

09

DIE GRIFFE ANBRINGEN

09 Das Gewebeband halbieren und alle Schmalseiten 1 cm breit einschlagen. Die Enden eines Bandes in 7 cm Abstand zu den Ecken auf die Tasche stecken. Seine eingeschlagenen Schmalseiten liegen 6 cm unter der Taschenoberkante. Langsam und vorsichtig auf jedes Ende ein Verstärkungsquadrat (siehe Seite 21) steppen, um es sicher zu befestigen. Den anderen Griff ebenso auf der Rückseite festnähen.

leicht

GEPÄCKANHÄNGER

Jeder hat schon einmal in einem Meer von Koffern nach dem eigenen Gepäck gesucht. Da ist ein bunter Gepäckanhänger eine gute Hilfe. Er ist schnell gemacht und sieht, wenn Sie die Ecken sauber verarbeiten, erstaunlich professionell aus.

MATERIAL & ZUBEHÖR

VORLAGE AUF SEITE 154

35 × 20 cm Baumwollstoff in mittlerer Stärke
25 × 15 cm mittelfeste Bügeleinlage
Passendes Nähgarn
6 × 10 cm transparente Plastikfolie
Metallöse, 8 mm Durchmesser, und Ösenzange
Kordel, 25 cm lang, 3 mm breit
Doppelseitiges Klebeband
Nähmaschine
Nähkasten
Jeansnadel für die Nähmaschine

GRÖSSE

Ca. 14,5 × 7,5 cm

ZUSCHNEIDEN

AUS BÜGELEINLAGE **(SIEHE SEITE 116)**

- 2 komplette Anhänger
- 1 Fenster

DER RICHTIGE STOFF

Wir haben ein Streublümchenmuster verwendet, das gut zum Stoff der Tasche passt. Je bunter der Anhänger, desto besser fällt er (und Ihr Gepäck) ins Auge.

01

02

SO WIRD ES GEMACHT

DIE EINLAGE VORBEREITEN

Die Vorlage von Seite 154 fotokopieren und ausschneiden. Mit einem spitzen weichen Bleistift oder einem selbstlöschenden Textilstift den Umriss zweimal auf die unbeschichtete Seite der Bügeleinlage zeichnen. Den inneren Teil aus der Vorlage herausschneiden und den Umriss des so entstehenden Rahmens einmal auf die Einlage zeichnen. Alle drei Teile sorgfältig an den Umrisslinien ausschneiden.

DAS FENSTER

01 Den Rahmen aus Bügeleinlage auf die linke Seite des Stoffes bügeln, dabei den Fadenlauf beachten. Die Temperaturangaben des Herstellers beachten. Den Rahmen ausschneiden, dabei an allen Seiten 6–8 mm zum Einschlagen zugeben. Den Stoff in der Mitte des Fensters einschneiden, dann diagonal zu den Ecken schneiden. Das Fenster ausschneiden, dabei ebenfalls 6–8 mm stehen lassen.

02 Die inneren und äußeren überstehenden Stoffränder des Rahmens einschlagen und festheften.

Tipp … Schneiden Sie das durchsichtige Fenster aus einer alten Dokumentenhülle oder dem Deckel eines Schnellhefters zu.

03

03 Eine robuste Nadel in die Nähmaschine einsetzen und die inneren und äußeren Kanten des Rahmens mit 3 mm Kantenabstand absteppen. Die Plastikfolie mit schmalen Streifen von doppelseitigem Klebeband auf der linken Seite des Fensters befestigen.

04

DEN ANHÄNGER ZUSAMMENNÄHEN

04 Die beiden Anhänger aus Bügeleinlage auf die linke Seite des restlichen Stoffes bügeln. Ringsherum einen 1 cm breiten Rand stehen lassen. Ausschneiden und den überstehenden Rand auf 6–8 mm zurückschneiden. Den überstehenden Stoff nach links umfalten und festheften.

05 Die beiden Anhänger links auf links exakt ausrichten und zusammenstecken. Das Fenster (rechte Seite oben) auf die untere Vorderseite stecken und durch alle drei Lagen heften. Die Lagen dürfen sich dabei nicht verschieben. Den Anhänger ringsherum knappkantig absteppen. Die Ecken des Fensters mit einigen Rückwärtsstichen verstärken.

05

06 In der oberen Mitte eine Metallöse einschlagen. Die Kordel zur Hälfte falten und die Schlaufe von hinten nach vorn durch die Öse schieben. Die Enden durch die Schlaufe fädeln und stramm ziehen.

06

DA GEHT NOCH MEHR

Wenn Sie den Anhänger verschenken möchten, schreiben Sie einen Gruß auf das Kärtchen im Fenster. Für dickeren oder dünneren Stoff muss die Vorlage eventuell vergrößert werden.

FÜR KIDS

leicht

MINIHANDTASCHE

Die niedliche kleine Tasche wird wie ein traditioneller Briefumschlag gefaltet. Futter und Außenstoff werden mit Haftvlies aufeinandergebügelt. Dadurch entsteht ein doppellagiges Material, das durch das Vlies leicht versteift wird. Die Kanten fassen Sie mit Schrägband ein. Die Tasche selbst ist sehr einfach zu nähen, aber durch Borten, Knöpfe und andere Verzierungen nach eigener Wahl wird sie zu einem ganz individuellen Stück.

MATERIAL & ZUBEHÖR

VORLAGE AUF SEITE 158

25 × 25 cm leichter Baumwollstoff für die Außenseite
25 × 25 cm leichter Baumwollstoff für das Futter
25 × 25 cm Haftvlies
Schrägband, 1 m lang, 12 mm breit
Nähgarn in den Farben von Stoff und Schrägband
Band, 1 m lang, 12 mm breit
1 kleiner Knopf
Baumwollsticktwist, passend zum Stoff
Nähmaschine
Nähkasten

GRÖSSE

Ca. 15 × 11 cm

DER RICHTIGE STOFF

Besonders hübsch ist die Kombination von zwei verschiedenen Blumenmustern in ähnlichen Farben.

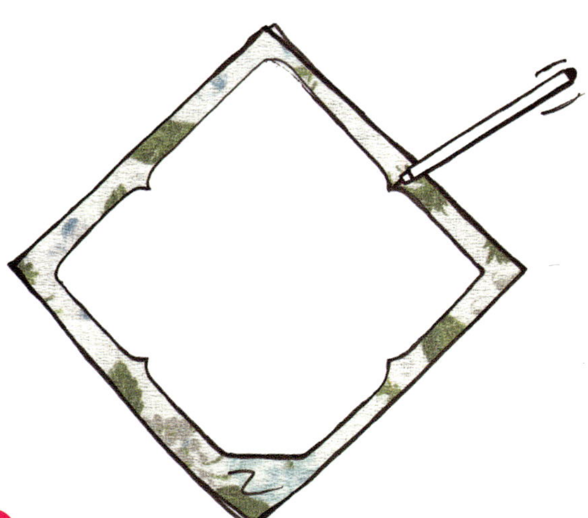

01

SO WIRD ES GEMACHT

DEN STOFF VORBEREITEN

Das Haftvlies mit der beschichteten Seite nach unten auf die linke Seite des Außenstoffes legen und gemäß Herstelleranweisung aufbügeln. Das Trägerpapier abziehen. Den Stoff mit der Vliesseite nach oben auf das Bügelbrett legen. Den Futterstoff darauflegen, die Ecken genau ausrichten und das Futter aufbügeln.

DIE UMSCHLAGFORM AUSSCHNEIDEN

01 Die Vorlage von Seite 158 auf ein großes Blatt Papier durchpausen und ausschneiden. Auf den doppellagigen Stoff stecken (es spielt keine Rolle, auf welche Seite) und den Umriss mit einem selbstlöschenden Textilstift nachzeichnen. Die Vorlage abnehmen und den Stoff an der Linie ausschneiden.

Tipp ... Sie können Einfassung und Band auf die Hauptfarbe des Außenstoffs abstimmen oder sich für eine Kontrastfarbe entscheiden.

DIE KANTE EINFASSEN

02 Die äußere Seite des Schrägbands aufklappen und die Kante des Bandes rechts auf rechts an die Kante des Außenstoffs stecken. Dabei an Punkt A (siehe Vorlage) beginnen. Die Schmalseite des Bandes muss nicht versäubert werden. Der Ansatz ist bei der fertigen Tasche nicht zu sehen. Das Band an den Ecken etwas dehnen.

03 An der inneren Ecke ein kleines Fältchen ins Schrägband legen und festheften. Weiter heften, bis Punkt A erreicht ist, dann das restliche Schrägband abschneiden. Das Schrägband in der Bruchlinie an den Stoff steppen. Danach die eingeschlagene Seite des Schrägbands zur Futterseite umfalten und mit unauffälligen Stichen von Hand festnähen. Näheres zum Einfassen von Kanten siehe Seite 17.

DIE TASCHE FALTEN

04 Die Futterseite liegt oben. Die Seiten an den Bruchlinien, die auf der Vorlage eingezeichnet sind, nach innen bügeln. Danach auf den oberen und unteren Bruchlinien falten und ebenfalls bügeln.

05 Die Kanten der unteren Klappe an die seitlichen Klappen stecken und mit passendem Nähgarn mit Vorstichen entlang der Innenkante des Schrägbands im Bereich der Überlappung zusammennähen – aber nicht an der Rückseite der Tasche festnähen. Die Nahtenden mit einigen zusätzlichen Stichen verstärken.

LETZTE FEINHEITEN

Die Schmalseiten des Bandes 6 mm einschlagen und von Hand fest und an den oberen Ecken sorgfältig an der Tasche festnähen.

An der Spitze der oberen Klappe mit dreifädigem Sticktwist eine Knopfschlaufe arbeiten (siehe Seite 20). Den Knopf so an das Unterteil nähen, dass er genau unter der geschlossenen oberen Klappe liegt.

DA GEHT NOCH MEHR

Die Vorlage können Sie auch verwenden, um Umschläge für selbst gemachte Grußkarten, Gutscheine oder kleine Geschenke zu falten. Bei Bedarf kann die Vorlage problemlos vergrößert oder verkleinert werden.

02

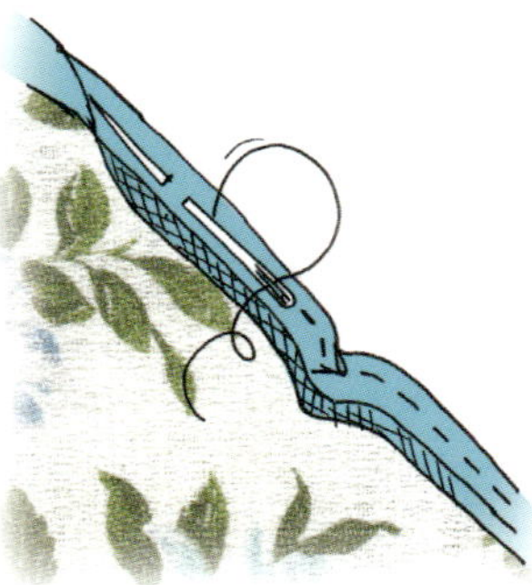

03

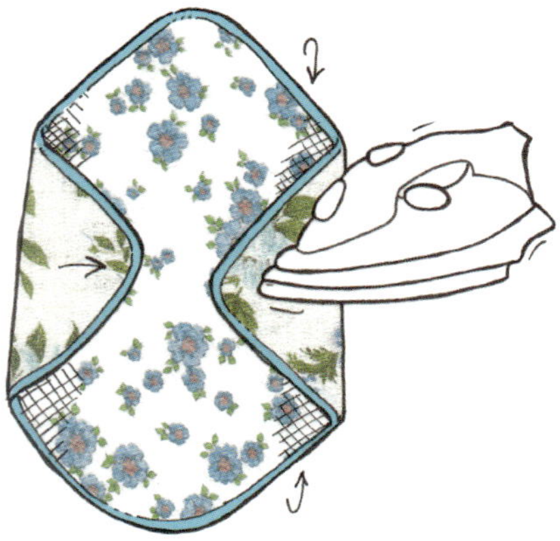

04

05

leicht

BUCHUMSCHLAG

Ein Umschlag aus Stoff macht jedes Buch zu etwas Besonderem – ob Tagebuch, Nachschlagewerk, Lieblingsroman oder abgegriffener Krimi. Wir haben ein relativ großes Notizbuch in unser Stoffmuster »London« gehüllt. Natürlich können Sie die Anleitung für Bücher anderer Größen abwandeln und Stoffe nach eigenem Geschmack – oder Reste – verwenden. Ein interessantes Buch mit einem selbst genähten Umschlag ist auch ein schönes Geschenk.

MATERIAL & ZUBEHÖR

Dünner oder mittelstarker Baumwollstoff
Schmales Band, 15 cm länger als die Höhe des Buches
Passendes Nähgarn
Nähmaschine
Nähkasten
Klebeband

ZUSCHNEIDEN

- 1 Rechteck, Breite des Buches × Höhe des Buches, für die Tasche
- 1 Rechteck, 5-fache Breite des Buches × Höhe des Buches + 6 cm

01

02

SO WIRD ES GEMACHT

DIE TASCHE ANSETZEN

01 Die rechten Kanten von Umschlag und Tasche 1 cm breit einfach säumen. Die Tasche mit der rechten Stoffseite nach oben auf die Arbeitsfläche legen. Den Umschlag darauflegen. Der Abstand zum Saum der Tasche beträgt 2 cm. Beide an Ober- und Unterkante zusammenheften.

DIE PASSFORM PRÜFEN

02 Den Umschlag um das Buch legen, die rechte Stoffseite zeigt nach außen. Die Taschenkante in 2 cm Abstand zur Innenkante des vorderen Buchdeckels anlegen. Die rechte Kante so umfalten, dass sie 1 cm von der Innenkante des hinteren Buchdeckels entfernt liegt. Auf der Faltlinie abschneiden und 1 cm breit einfach säumen.

Tipp … Vor dem Zuschneiden außen auf Buchdeckel und Rücken Volumenvlies kleben. So sieht das eingeschlagene Buch wie »wattiert« aus.

TELEPHONE

Tipp … Vielleicht möchten Sie noch einen Buchtitel aufsticken oder einen Schildhalter für ein Namensschild aufnähen? Wie das gemacht wird, können Sie auf Seite 48 nachlesen.

03 Den Umschlag wieder um das Buch legen, diesmal jedoch mit der rechten Stoffseite nach innen. Der Abstand der gesäumten Kanten zu den inneren Buchdeckelkanten beträgt 2 cm. Die oberen und unteren Stoffkanten vorn und hinten dicht am Buchdeckel zusammenheften.

03

DIE KANTEN SÄUMEN

04 Die Ober- und Unterkanten mit der Maschine knapp außerhalb der Heftlinie zusammennähen. Die Nahtzugaben an den Ecken schräg abschneiden, aber 3 mm Abstand zur Naht halten. Auf rechts wenden, die Ecken herausdrücken und den Buchumschlag vorsichtig bügeln.

04

DAS LESEBÄNDCHEN EINKLEBEN

05 Das Band auf der Innenseite des Umschlags in die obere Mitte des Buchrückens kleben.

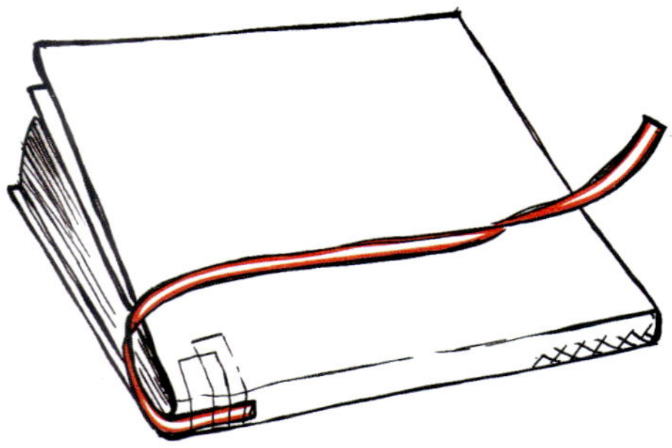

05

DAS BUCH EINSCHLAGEN

Die vorderen und hinteren Buchdeckel so weit wie möglich zurückbiegen und das Buch in den Umschlag schieben.

LEICHT GEMACHT

Wenn Sie einen Umschlag für einen Roman nähen, können Sie die Tasche im vorderen Buchdeckel einfach weglassen.

leicht

FEDERMÄPPCHEN

Ein Federmäppchen wird täglich benutzt – Grund genug, ein einzigartiges Modell aus einem bunten Motivdruck zu nähen, an dem Kinder Freude haben. Weil Sie nur wenig Stoff brauchen, können Sie gut einen Stoffrest verwerten. Länger als einen Nachmittag brauchen Sie nicht für das Mäppchen.

MATERIAL & ZUBEHÖR

60 × 20 cm Baumwollstoff in mittlerer Stärke für die Außenseite
60 × 20 cm leichter Baumwollstoff für das Futter
Reißverschluss, 25 cm lang
Nähgarn, passend zu beiden Stoffen
Schmale Kordel, 30 cm lang
3 Perlen mit großen Bohrungen
Nähmaschine
Nähkasten

GRÖSSE

25 × 15 cm

ZUSCHNEIDEN

Die beiden Hauptteile beim Zuschneiden so auf den Stoff legen, dass das Muster an den Nähten möglichst genau zusammenpasst.

AUS HAUPTSTOFF (AUSSENSEITE)

- 2 Rechtecke, je 27 × 15 cm

AUS FUTTERSTOFF

- 2 Rechtecke, je 27 × 15 cm

DER RICHTIGE STOFF

Ich habe für die Außenseite unser Muster »Train« verwendet, jeder andere mitteldicke Stoff eignet sich aber ebenso gut. Der Futterstoff sollte etwas dünner sein. Für den Anhänger des Reißverschlusses haben wir Perlen verwendet. Schauen Sie in den eigenen Fundus: Ein hübsches Band, ein Zopf aus schmalen Bändern oder Mini-Pompons sehen auch lustig aus.

Tipp … Das Federmäppchen wirkt fülliger, wenn Sie zwischen Hauptstoff und Futter eine Lage Volumenvlies legen.

01

02

SO WIRD ES GEMACHT

DEN REISSVERSCHLUSS EINSETZEN

Die Oberkanten aller Hauptteile 1 cm nach links umbügeln.

01 Die Oberkante des ersten Teils mittig an das untere Trägerband des Reißverschlusses stecken, sodass die Zähnchen gerade hervorschauen. Stoff und Reißverschluss liegen mit der rechten Seite nach oben. Heften, dann mit dem Reißverschlussfuß 6 mm neben dem Bruch feststeppen. Das zweite Hauptteil ebenso an das obere Trägerband des Reißverschlusses nähen. Weitere Informationen zum Einnähen von Reißverschlüssen sind auf Seite 20 zu finden.

DAS FEDERMÄPPCHEN NÄHEN

02 Den Reißverschluss öffnen und die beiden Stoffteile rechts auf rechts legen. Die Ecken genau ausrichten. Seiten- und Unterkanten aufeinanderstecken und mit 1 cm Nahtzugabe steppen.

03 Die Nahtzugaben an den unteren Ecken schräg abschneiden, damit sie sich nicht abzeichnen. Die Nahtzugaben nach innen bügeln, dann alles auf rechts wenden. Den Reißverschluss ganz öffnen.

03

DAS FUTTER EINSETZEN

04 Die Oberkanten der Futterteile 1 cm nach links einschlagen. Beide Teile rechts auf rechts aufeinanderlegen, stecken und heften. Die Seiten- und Unterkanten mit 1 cm Nahtzugabe steppen. Die Nahtzugaben an den unteren Ecken schräg abschneiden, dann die Nahtzugaben nach innen bügeln.

04

05 Das Futter links auf links in das Federmäppchen schieben und die Nähte aufeinander ausrichten. Die unteren Ecken ganz hinabdrücken. Die umgebügelten Oberkanten des Futters so an das Trägerband des Reißverschlusses heften, dass sie knapp oberhalb der Nahtlinien liegen. Mit Garn in der Farbe des Futterstoffs von Hand mit kleinen Stichen festnähen. Zum Festnähen der äußeren Ecken muss das Federmäppchen auf links gewendet werden.

05

DEN ANHÄNGER KNOTEN

06 Ein Ende der Kordel durch die Öse im Schieber des Reißverschlusses ziehen. In beide Enden dicht über dem Schieber einen einfachen Überhandknoten binden. Die Perlen auffädeln und mit einem weiteren Knoten fixieren. Die Enden der Schnur auf 1 cm kürzen.

06

DA GEHT NOCH MEHR

Die Anleitung lässt sich für Taschen verschiedener Art leicht abwandeln. Eine lange, schmale Tasche – ca. 30 × 10 cm – ist praktisch für lange Stricknadeln und ein Schminktäschchen könnte etwa 15 × 10 cm groß sein.

schwer

FRÜHSTÜCKSBEUTEL

Der bunte Beutel ist eine gute Alternative für eine gewöhnliche Plastikbox. Ein gesundes Frühstück passt prima hinein und zum Verschließen wird der obere Rand einfach umgefaltet. Das praktische Wachstuch kennen Sie sicherlich von Einkaufstaschen. Es ist recht steif, sodass der Beutel gut die Form hält. Das Nähen dieses Stoffes ist nicht ganz einfach, aber mit unseren Tipps wird es Ihnen bestimmt gelingen.

MATERIAL & ZUBEHÖR

80 × 40 cm Wachstuch
80 × 40 cm dünner wasserdichter Stoff (z. B. Duschvorhang)
Klettband, 5 cm lang, 2,5 cm breit
Gewebeband, 15 cm lang, 2,5 cm breit
Passendes Nähgarn
Nähmaschine
Nähkasten
Doppelseitiges Klebeband
Jeansnadel für die Nähmaschine
Konturenschere mit Wellen- oder Zackenschnitt
Malerkrepp
Heftpflaster (sensitiv) oder Teflonfuß (siehe unten)

GRÖSSE

Ca. 22 × 10 × 32 cm

ZUSCHNEIDEN

AUS WACHSTUCH

- 1 Hauptteil, 75 × 25 cm
- 2 Seitenteile, je 12 × 30 cm

AUS FUTTERSTOFF

- 1 Hauptteil, 73 × 23 cm
- 2 Seitenteile, je 10 × 29 cm

DER RICHTIGE STOFF

Wachstuch ist praktisch, aber nicht unverwüstlich. Abwischen genügt – bitte nicht waschen. Berührung mit säurehaltigen Lebensmitteln kann der Beschichtung schaden.

WACHSTUCH VERARBEITEN

Von der linken Seite lässt sich Wachstuch problemlos nähen. Auf der beschichteten Seite gleitet das Nähfüßchen jedoch nicht gut, z. B. beim Absteppen. Wenn Sie keinen Teflon- oder Rollfuß besitzen, kleben Sie Malerkrepp oder Heftpflaster auf die Unterseite des Standard-Nähfußes. Sensitiv-Heftpflaster hinterlässt besonders wenige Kleberückstände.

Zum provisorischen Zusammenhalten sollten Sie Teile nicht stecken und heften, weil dadurch unnötige Löcher in der Oberfläche entstehen. Kleben Sie die Teile mit schmalen Streifen Malerkrepp zusammen. Für stabile Nähte empfiehlt sich dickeres Nähgarn und eine Jeansnadel Stärke 16.

Wenn der Stoff eine Weile zusammengefaltet gelegen hat, breiten Sie ihn in einem warmen Raum aus, bis die Kniffe verschwinden. Bitte nicht bügeln!

SO WIRD ES GEMACHT

DEN VERSCHLUSS ANBRINGEN

01 Die beiden Seiten des Klettbands trennen. Die Flauschseite mit doppelseitigem Klebeband in 20 cm Abstand zur Schmalseite mittig an der rechten Seite des Hauptteils befestigen und feststeppen. Die beiden Enden des Gewebebands 6 mm einschlagen. Die Hakenseite des Klettbands mit doppelseitigem Klebeband so über ein Bandende kleben, dass die eingeschlagene Kante bedeckt ist. Das Klettband knappkantig auf dem Band feststeppen. Das andere Ende des Bandes mittig in 15 cm Abstand zur anderen Schmalseite auf das Hauptteil kleben, das Klettband zeigt nach außen. Mit einem Verstärkungsquadrat feststeppen (siehe Seite 21).

01

DIE NAHTLINIEN ANZEICHNEN

Das Hauptteil rechts auf rechts quer zur Hälfte falten und an beiden Längsseiten auf der Rückseite des Stoffes die Mitte anzeichnen. Ebenfalls auf der Rückseite an einer Schmalseite und beiden Längsseiten der Seitenteile eine 6 mm breite Nahtzugabe anzeichnen. Die Mittelpunkte der Schmalseiten markieren.

02

DEN BEUTEL NÄHEN

Die Mittelmarkierungen eines Seitenteils und des Hauptteils aufeinanderlegen. Zusammenkleben und auf der vorgezeichneten Linie an der Unterkante des Seitenteils zusammennähen. An beiden Enden bleibt die Nahtzugabe offen. Anfang und Ende der Naht mit einigen Rückwärtsstichen verriegeln.

02 Die unteren Ecken des Seitenteils anheben und die Nahtzugabe des Hauptteils direkt unter den Nahtenden 5 mm tief einschneiden.

Tipp … **Die Linien lassen sich problemlos mit einem spitzen Bleistift auf die Rückseite des Wachstuchs zeichnen. Da das Hauptteil in einem Stück zugeschnitten wird, muss ein Muster ohne Laufrichtung verwendet werden – anderenfalls steht das Muster auf einer Seite auf dem Kopf.**

03 Die untere linke Kante des Hauptteils im rechten Winkel nach oben legen, sodass sie an der linken Kante des Seitenteils anliegt. Die Kanten mit einigen schmalen Stücken Klebeband zusammenkleben.

04 Das Seitenteil liegt oben. Die Maschinennadel an einem Ende der vorhandenen Naht einstechen und auf der angezeichneten Linie bis zur Oberkante steppen. Wieder beide Nahtenden mit Rückwärtsstichen verriegeln. Die andere Seite des Hauptteils ebenso an das Seitenteil nähen. Das zweite Seitenteil ebenso einsetzen.

Den fertigen Beutel auf rechts wenden und die Nähte glatt streichen. Die Ecken mit einem Bleistift oder einer Stricknadel herausdrücken.

DIE NÄHTE ABSTEPPEN

05 Den Boden des Beutels glätten. Die Seitennähte mit 8 mm Abstand zur jeweiligen Kante absteppen. Dabei oben beginnen und 1 cm vor dem Boden enden. Mit Rückwärtsstichen verriegeln und die Fäden abschneiden.

ZUSAMMENSETZEN

Das Futter ebenso nähen, jedoch mit 5 mm Nahtzugabe. Nicht auf rechts wenden und die Seiten nicht absteppen. Die Nahtzugaben zwischen Daumen und Finger glatt streichen. Nicht bügeln, dabei könnte die Beschichtung schmelzen.

06 Das Futter in den Beutel stecken und bis in die unteren Ecken schieben. Die Lagen an der Öffnung an mehreren Stellen zusammenkleben. Sie müssen nicht exakt aufeinandertreffen. In 1,5 cm Abstand zur Oberkante ringsherum absteppen, dann die Oberkanten mit einer Schere mit Wellen- oder Zackenschnitt zurückschneiden.

DA GEHT NOCH MEHR

Für eine Einkaufstasche das Futter weglassen, die Oberkante doppelt säumen und zwei 30 cm lange Griffe annähen.

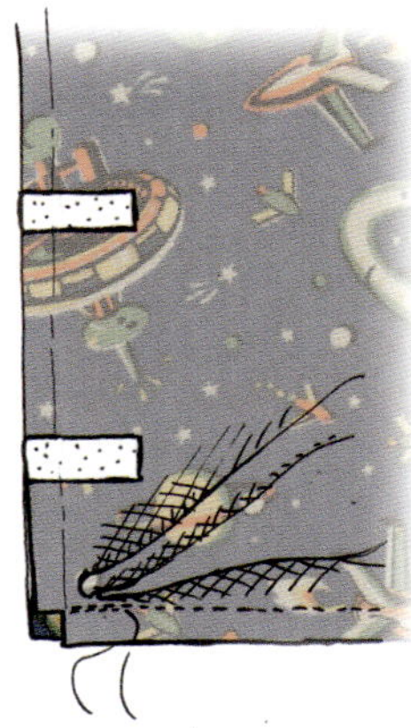
03

04

05

06

leicht

KROKODIL

Unser Krokodil-Druck ist für dieses Spielzeug wie geschaffen, aber Sie können natürlich auch einen anderen grünen Stoff wie Cord oder Samt verwenden. Für die Zacken auf dem Rücken und die Zähne bietet sich Zackenlitze an. Stopfen Sie das Tier nicht zu fest aus, es soll sich weich und griffig anfühlen.

MATERIAL & ZUBEHÖR

VORLAGEN AUF SEITE 158–159

55 × 35 cm Baumwollstoff in mittlerer Stärke
Zackenlitze in Grün, 30 cm lang, 15 mm breit
Zackenlitze in Weiß, 25 cm lang, 12 mm breit
Filzreste in Weiß, Grün und Schwarz
Passendes Nähgarn
300 g Kunststoffgranulat als Füllung (für Kinder nicht geeignet)
Kleine Menge Polyesterfüllwatte
Nähmaschine
Nähkasten
Teelöffel

GRÖSSE

Ca. 25 × 14 cm

ZUSCHNEIDEN

AUS HAUPTSTOFF

- 2 Körper, davon einer seitenverkehrt
  Alle Markierungen auf das Teil übertragen, dessen Kopf rechts liegt; Auge und Maul auf das andere zeichnen.

AUS FILZ

- 2 Augen in Weiß
- 2 Augenlider in Grün
- 2 Pupillen in Schwarz

Achtung!

Für Kinder unter drei Jahren ist das Krokodil nicht geeignet. Für ältere Kinder können Sie es mit Polyesterfüllwatte ausstopfen und die Augen im Plattstich aufsticken. Außerdem darauf achten, dass die Litze sehr sorgfältig festgenäht wird.

01

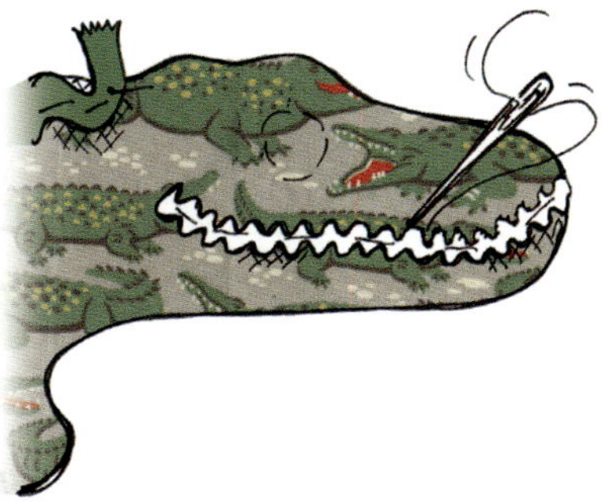

02

SO WIRD ES GEMACHT

DIE ZACKENLITZE AUFNÄHEN

01 Das zugeschnittene Hauptteil (Kopf rechts) auf die Arbeitsfläche legen: Die rechte Stoffseite liegt oben, der Kopf liegt rechts. Die grüne Zackenlitze zwischen den Punkten A und B feststecken, dann heften. Die Oberkante der Litze muss genau an der Stoffkante liegen. Die Enden der Litze nach oben falten, sodass sie über die Stoffkante hinausstehen.

02 Ein Ende der weißen Zackenlitze 5 mm nach links einschlagen. Dieses Ende bei C feststecken, dann die Litze auf der Linie des Mauls festheften. Das Ende bei D bündig mit der Stoffkante abschneiden. Beide Zackenkanten der Zähne sorgfältig von Hand mit weißem Garn festnähen. Das andere Hauptteil ebenso vorbereiten.

03 Die Krallen werden aus kurzen Stücken gekräuselter weißer Litze genäht. Zwei Stücke mit je fünf Zacken zuschneiden. Den letzten Zacken an jedem Ende nach links einschlagen und festnähen. So in Falten legen, dass alle Zacken nach innen zeigen. Zwischen E und F an die Füße heften.

DIE HAUPTTEILE ZUSAMMENSETZEN

04 Die beiden Teile rechts auf rechts aufeinanderstecken. Füße, Kopf und Schwanz exakt ausrichten. Heften, dann von Punkt G um Beine, Kopf und Schwanz mit 6 mm Nahtzugabe bis Punkt H zusammennähen. Am Bauch bleibt eine Öffnung. Die Nahtzugaben zu beiden Seiten der Öffnung nach links umbügeln. Die übrigen Nahtzugaben auf 4 mm zurückschneiden und an den Rundungen einschneiden (siehe Seite 15). Auf rechts wenden. Schwanz und Zehen mit einer Stricknadel oder einem stumpfen Bleistift herausdrücken.

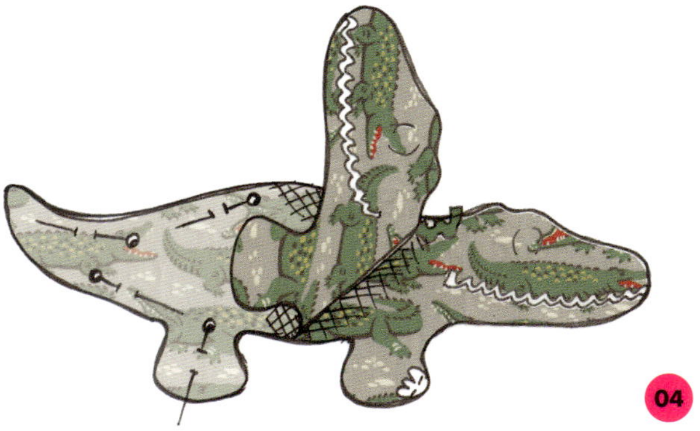

DAS KROKODIL AUSSTOPFEN

05 Durch die Öffnung im Bauch Kunststoffgranulat in den Körper füllen und gut verteilen. Die Öffnung sorgfältig mit kleinen Stichen von Hand zunähen.

DIE AUGEN ANBRINGEN

06 Um den Rand jedes Auges eine Reihe kleiner Vorstiche nähen. Am Faden ziehen, um den Filz zur Kugel zusammenzuraffen. Fest mit Füllwatte ausstopfen und zunähen. Die Augen an der Markierung an die Seiten des Kopfes nähen. Die Pupille und das Augenlid mit Garn in passenden Farben aufnähen. Dann rings um die äußere Kante nähen, sodass das Auge etwas in den Kopf einsinkt. Auf der anderen Seite wiederholen.

leicht

TURNBEUTEL

Der praktische Beutel ist gerade groß genug für die Sportutensilien eines Kindes. Ich habe einen Dinosaurier-Druck ausgesucht. Vielleicht finden Sie ein Muster, das zur Lieblingssportart Ihres Kindes passt? Das Modell erfordert nur minimale Nähkenntnisse und eignet sich deshalb besonders gut für Einsteiger.

MATERIAL & ZUBEHÖR

80 × 50 cm dünner bis mittelstarker Baumwollstoff
Passendes Nähgarn
Gewebeband, 25 cm lang, 12 mm breit
Kordel, 3,5 m lang, 6–8 mm Durchmesser
Nähmaschine
Nähkasten
Große Sicherheitsnadel

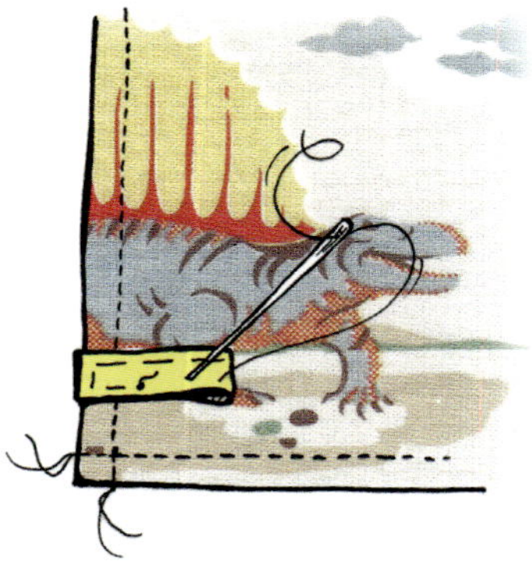

01

02

GRÖSSE

35 × 40 cm

ZUSCHNEIDEN

- 2 Hauptteile, je 37 × 45 cm
- 2 Endstücke, je 5 × 4 cm, für die Kordeln

SO WIRD ES GEMACHT

DIE SCHLAUFEN ANBRINGEN

An der Oberkante jedes Hauptteils einen 1 cm breiten einfachen Saum umbügeln und steppen. An den Seitenkanten und der Unterkante wiederholen.

01 Ein Hauptteil auf die Arbeitsfläche legen, die rechte Stoffseite zeigt nach oben. Das Gewebeband halbieren. Ein Stück zur Schlaufe legen und 2 cm über der unteren Ecke auf den Stoff heften. Die Schnittkanten des Bandes liegen auf der unversäuberten Stoffkante. Das andere Band ebenso an der rechten unteren Ecke anbringen.

DEN BEUTEL NÄHEN

02 Das zweite Hauptteil rechts auf rechts darauflegen. Darauf achten, dass das Muster nicht auf dem Kopf steht. 10 cm unter den oberen Ecken Markierungsnadeln an den Seiten einstecken. Die Seiten- und Unterkanten mit 1 cm Nahtzugabe steppen, aber die Seiten oberhalb der Markierungsnadeln offen lassen. Über die Enden der Bänder zur Verstärkung noch ein zweites Mal nähen.

LEICHT GEMACHT

Für einen einfachen Zugbeutel lassen Sie die Schlaufen an den unteren Ecken weg und verwenden kürzere Kordeln.

03

04

03 Die Nahtzugaben an den Ecken schräg abschneiden, aber 3 mm Abstand zur Naht halten. Die unteren und seitlichen Nahtzugaben (auch oberhalb der Markierungsnadeln) zu den Taschenteilen bügeln. Den Beutel auf rechts wenden und nochmals bügeln.

DEN TUNNEL VORBEREITEN

04 Die oberen, umgebügelten Nahtzugaben festheften, dann 6 mm neben den Bruchkanten feststeppen. Zur Verstärkung dreimal über das Ende der Seitennaht steppen.

05 Die Oberkanten 6 cm nach innen einschlagen. Dadurch entsteht der Tunnel zum Durchziehen der Kordeln. Stecken, heften und knappkantig feststeppen.

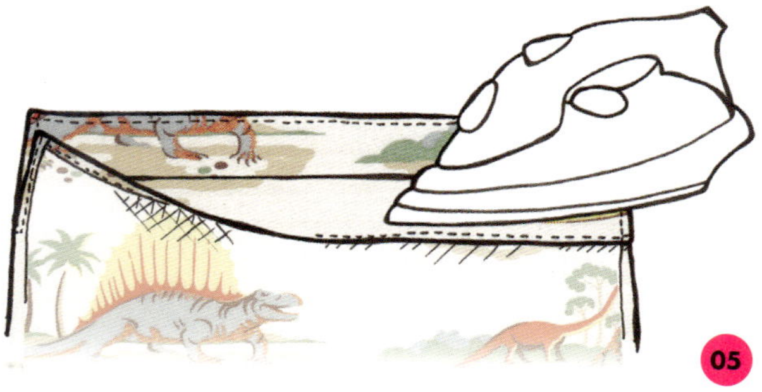

DIE KORDELN DURCHZIEHEN

06 Die Kordel halbieren. Am Ende eines Stückes die Sicherheitsnadel befestigen. Durch die linke Tunnelöffnung einfädeln, ringsherum durchziehen und aus der linken Öffnung wieder herauskommen. Ein Ende durch die Schlaufe an der Seite ziehen. Die andere Kordel ebenso durchziehen, jedoch an der rechten Öffnung beginnen und enden.

DIE ENDSTÜCKE ANBRINGEN

07 Die Oberkanten aller Endstücke 6 mm einschlagen und bügeln. Dann jedes Stück rechts auf rechts quer zur Hälfte falten. Seiten- und Unterkanten zusammenheften und mit 6 mm Nahtzugabe zusammennähen. Die Nahtzugaben an den unteren Ecken schräg abschneiden. Auf rechts wenden. Die linken Kordelenden etwas abschneiden, falls sie ausgefranst sind. Von Hand fest zusammennähen. Ein Endstück über die zusammengenähten Enden schieben und die Oberkante an den Kordeln festnähen. Die rechte Kordel ebenso verarbeiten.

DA GEHT NOCH MEHR

Es ist kein Problem, die rechteckigen Teile für einen Wäschebeutel zu vergrößern oder für einen Schuhbeutel zu verkleinern. Sie müssen dann die Kordellängen anpassen. Die Formel zur Berechnung der Länge jeder Kordel lautet:
4 × Oberkante + 4 × Seitenkante + 10 cm.

Tipp … Für mehr Griffigkeit können Sie die Endstücke auspolstern. Dazu vor dem Annähen etwas Füllwatte oder Volumenvlies hineinschieben oder die Kordelenden mit Wolle umwickeln.

schwer

BLUMENRUCKSACK

Wer hat den schönsten Rucksack in der Klasse? Dieses Modell erfordert viel Zeit und Geschick, aber die Mühe lohnt sich, denn das Ergebnis ist garantiert unverwechselbar. Suchen Sie einen schönen Mustermix aus, vielleicht Blumen und Punkte oder eine moderne Kombination aus gemusterten und einfarbigen Stoffen.

MATERIAL & ZUBEHÖR

VORLAGE AUF SEITE 155

DREI GEBLÜMTE BAUMWOLLSTOFFE IN MITTLERER STÄRKE

- 75 × 30 cm Blumenmuster 1
- 25 × 25 cm Blumenmuster 2
- 25 × 25 cm Blumenmuster 3

ZWEI GEPUNKTETE BAUMWOLLSTOFFE IN MITTLERER STÄRKE

- 25 × 25 cm in Rosa mit weißen Punkten
- 102 × 70 cm in Rot mit weißen Punkten

50 × 30 cm Volumenvlies
Magnetverschluss für Taschen, 15 mm Durchmesser
2 Leiterschnallen mit 2,5 cm breiten Öffnungen
Stabiles Baumwollgewebeband, 70 cm lang, 2,5 cm breit
Kordel, 60 cm lang, 6 mm Durchmesser
Passendes Nähgarn
Nähmaschine
Nähkasten

GRÖSSE

Ca. 21 × 30 cm zuzüglich Tragegurte und Griff

DER RICHTIGE STOFF

Wenn Sie kein passendes Band finden, nähen Sie zwei Streifen (siehe Seite 21) aus einem Rest der Rucksackstoffe.

STOFF IN ROSA MIT WEISSEN PUNKTEN

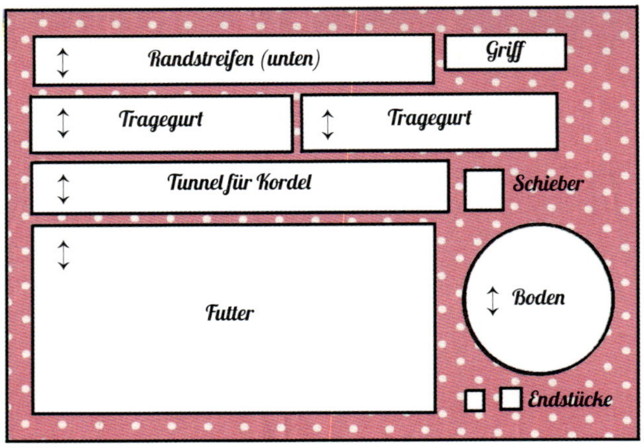

ZUSCHNEIDEN

AUS BLUMENMUSTER 1

- 1 Rechteck, 70 × 27 cm, für das Hauptteil

AUS BLUMENMUSTER 2

- 1 äußere Klappe (gemäß Vorlage)

AUS BLUMENSTOFF 3

- 1 Kreis, 23 cm Durchmesser, für den Boden

AUS ROSA STOFF MIT WEISSEN PUNKTEN

- 1 unterer Randstreifen, 70 × 8 cm
- 2 Tragegurte, je 45 × 10 cm
- 1 Griff, 20 × 6 cm
- 1 Tunnel, 72 × 8 cm
- 1 Futter, 70 × 32 cm
- 1 Kreis, 23 cm Durchmesser, für den Boden
- 1 Schieber, 8 × 7 cm
- 2 Endstücke, je 5 × 5 cm, für die Kordeln

AUS ROTEM STOFF MIT WEISSEN PUNKTEN

- 1 innere Klappe (gemäß Vorlage)

AUS VOLUMENVLIES

- 2 Streifen, je 44 × 4 cm, für die Tragegurte
- 1 Kreis, 21 cm, für den Boden

DA GEHT NOCH MEHR

Rucksäcke liegen im Trend. Wenn Sie das Modell für ein größeres Kind oder für sich selbst nähen möchten, vergrößern Sie einfach die Schnittmuster für Hauptteil, Boden und Klappe.

SO WIRD ES GEMACHT

DAS HAUPTTEIL NÄHEN

Das Hauptteil quer zur Hälfte falten und die Mitte der Oberkante mit einer Stecknadel markieren. Das Unterteil des Magnetverschlusses auf der rechten Stoffseite 8 cm unter diesem Punkt anbringen. Den gepunkteten Randstreifen rechts auf rechts an die Unterkante stecken, mit 1 cm Nahtzugabe annähen und die Nahtzugabe zum Randstreifen bügeln.

01

02

03

01 Die Seitenkanten zusammenstecken und mit 1 cm Nahtzugabe zusammensteppen. Nahtzugaben auseinanderbügeln. Auf rechts wenden und die Quernaht in 2 mm Abstand zum Randstreifen absteppen.

DIE TRAGEGURTE NÄHEN

An einem Griff beide Längsseiten und eine Schmalseite 1 cm nach links bügeln, dann den Streifen quer zur Hälfte bügeln. Das Volumenvlies dazwischenlegen und unter eine eingeschlagene Kante schieben. Die eingeschlagenen Kanten zusammenheften und absteppen. Mit Lineal und selbstlöschendem Stift eine Linie entlang der Mitte zeichnen und absteppen.

02 Ein 10 cm langes Stück Gewebeband zuschneiden, beide Enden 1 cm breit umbügeln. Das Band durch eine Seite einer Leiterschnalle ziehen und die Enden zusammenheften. Das Band mit dem Reißverschlussfuß dicht neben der Schnalle zusammensteppen. Das unversäuberte Ende auf 1 cm zurückschneiden. Das Band mit Verstärkungsstichen (siehe Seite 21) auf das versäuberte Ende nähen, das eingeschlagene Bandende liegt oben. Den zweiten Gurt ebenso vorbereiten. Die unversäuberten Enden 4 cm rechts und links der senkrechten Naht an die Oberkante des Rucksacks stecken.

DEN GRIFF NÄHEN

03 Den Griff rechts auf rechts der Länge nach zur Hälfte falten. Die Längskanten aufeinanderstecken, heften und mit 6 mm Nahtzugabe steppen. Den Schlauch wenden. Bügeln und die Enden so an die Oberkante des Rucksacks stecken, dass sie die Innenkanten der Griffe um 1 cm überlappen.

DIE KLAPPE NÄHEN

04 Das Oberteil des Magnetverschlusses mittig 2 cm über der Unterkante auf der rechten Stoffseite der inneren Klappe anbringen. Innere und äußere Klappe rechts auf rechts aufeinanderlegen, Seiten- und Unterkanten stecken, heften und mit 6 mm Nahtzugabe zusammennähen. Nahtzugaben an den Rundungen einschneiden. Auf rechts wenden, bügeln und die Oberkanten zusammenheften. Die Klappe rechts auf rechts so an die Oberkante des Rucksacks stecken, dass Henkel und Griffe in ihrer Mitte liegen.

DEN TUNNEL ANBRINGEN

05 Die Schmalseiten des Tunnels rechts auf rechts zusammenstecken und mit 2 cm Nahtzugabe zusammennähen, 15 mm über dem unteren Nahtende 1 cm offen lassen. Die Nahtenden mit Rückwärtsstichen verriegeln. Nahtzugaben auseinanderbügeln, dann den Streifen längs zur Hälfte bügeln. Die rechte Stoffseite liegt außen. Die Längskanten aufeinanderheften. Beide Kanten zusammen an die Oberkante des Rucksacks stecken und heften. Die Öffnung in der Naht liegt auf Höhe der Markierungsnadel.

DAS BAND BEFESTIGEN

06 Das restliche Gewebeband halbieren. An einem Ende jedes Stückes einen 1 cm breiten doppelten Saum umsteppen. Die unversäuberten Enden mit 5 cm Abstand zu den Seitennähten rechts auf rechts an die Unterkante des Rucksacks stecken.

DAS FUTTER NÄHEN

Die Seitenkanten des Futters rechts auf rechts zusammenstecken, heften und mit 1 cm Nahtzugabe steppen. Die Nahtzugaben auseinanderbügeln. Das Futter über den Rucksack stülpen, die senkrechten Nähte aufeinander ausrichten. Die Oberkanten zusammenstecken und heften. Mit einer Jeansnadel mit 1 cm Nahtzugabe zweimal rings um die Oberkante steppen. Das Futter in den Rucksack stecken. Bügeln.

DEN BODEN ANBRINGEN

07 Den Vlieskreis auf die linke Stoffseite des Bodenfutters heften. Den Boden aus Hauptstoff rechts auf rechts auf das Vlies stecken und ringsherum heften. Den Boden an die Unterkante des Rucksacks stecken und heften (Hauptstoff innen). Mit 1 cm Nahtzugabe festnähen. Die Schnittkanten versäubern.

DIE KORDEL EINZIEHEN

08 Die Kordel in den Tunnel ziehen. Ober- und Unterkante des Schiebers je 1 cm einschlagen. Wieder öffnen, die Seitenkanten rechts auf rechts mit 1 cm Nahtzugabe zusammennähen. Auf rechts wenden, die Kanten wieder einschlagen. Die Mitte des Schlauches absteppen, durch jede Seite eine Kordel ziehen. Die Kanten der Endstücke 6 mm einschlagen, an den Kordelenden befestigen.

04

05

06

07

08

leicht

SET FÜR BABYS
FLASCHENHÜLLE

Es gibt jede Menge Geschenke für Neugeborene zu kaufen, aber Selbstgemachtes ist viel schöner. Dieses Set besteht aus einer Flaschenhülle, einem Lätzchen und einem Babyhandtuch. Am Lätzchen üben Sie das Einfassen mit Schrägband und an der Flaschenhülle, die ähnlich aufgebaut ist wie die Tasche für die Yogamatte, das Einsetzen eines runden Bodens. Jedes der drei Modelle ist in wenigen Stunden fertig. Ob Sie nur eines der Modelle verschenken oder alle drei, bleibt Ihnen überlassen. Als Verpackung könnten Sie einen passenden Zugbeutel nähen (siehe Seite 138).

MATERIAL & ZUBEHÖR

45 × 30 cm bedruckter Frottee
Baumwollband, 1 m lang, 2 cm breit
10 × 10 cm Haftvlies
10 × 10 cm Nessel
Nähgarn in der Farbe des Bandes
Kordel, 50 cm lang, 6 mm Durchmesser
Kordelstopper mit Feder
Klebeband
Sicherheitsnadel
Nähmaschine
Nähkasten

GRÖSSE

Ca. 20 cm hoch, 10 cm Durchmesser

ZUSCHNEIDEN

AUS BEDRUCKTEM FROTTEE

- 1 Rechteck, 30 × 26 cm, für die Hülle
- 1 Kreis, 10 cm Durchmesser, für den Boden

DER RICHTIGE STOFF

Als Material für dieses Set kann ein fertig gekauftes Duschtuch (70 × 140 cm) verwendet werden. Den Stoff unbedingt vor der Verarbeitung waschen, um die Appretur zu entfernen. Sie kann empfindliche Babyhaut reizen.

01

02

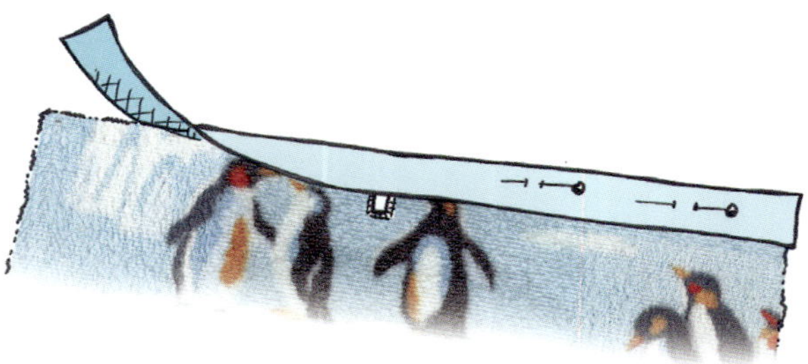

03

04

SO WIRD ES GEMACHT

DEN SCHLITZ EINARBEITEN

01 Ein 3 cm langes Stück Baumwollband zuschneiden und eine Schmalseite knappkantig säumen. Das Band rechts auf rechts an die Oberkante der Hülle stecken. Von oben nach unten mit einem selbstlöschenden Textilstift einen senkrechten Strich auf das Band zeichnen. Mit 4 mm Abstand zum Strich links davon abwärts-, darunter quer und rechts wieder aufwärtssteppen. Den Stoff in der Mitte mit 3 mm Abstand zu den Nahtlinien wegschneiden.

02 Das Band durch die Öffnung ziehen und auf der linken Stoffseite glatt ziehen. Damit ist der Schlitz versäubert. Die Kanten des Bandes auf den Stoff heften und von Hand mit kleinen Stichen festnähen.

DAS BAND ANBRINGEN

03 Die Hülle auf die Arbeitsfläche legen, die rechte Stoffseite liegt oben. 30 cm Band an die Oberkante stecken, heften und mit 6 mm Nahtzugabe festnähen. Das Band an der Naht nach oben bügeln, sodass die Nahtzugabe auf seiner Unterkante liegt.

DIE SEITENNAHT SCHLIESSEN

04 Die Seitenkanten mit Zickzack- oder Overlockstich versäubern. Die Hülle rechts auf rechts quer zur Hälfte falten. Die Enden der Ansatznaht des Bandes aufeinander ausrichten. Die Seitenkanten zusammenstecken und mit 1 cm Nahtzugabe steppen. Die Nahtzugaben auseinanderbügeln.

DEN TUNNEL NÄHEN

05 Den oberen Rand des Zylinders so weit einschlagen, dass die Unterkante des Bandes 2 cm unter der Bruchkante liegt. Feststecken, dann die Kante von Hand sorgfältig festnähen.

DEN BODEN VERSTÄRKEN

Mit einem Zirkel einen Kreis mit 8 cm Durchmesser auf die Papierseite des Haftvlieses zeichnen. Das Haftvlies gemäß Herstelleranweisung auf den Nessel bügeln und anschließend an der Bleistiftlinie ausschneiden. Dann das Trägerpapier abziehen und den Kreis mittig auf den Frotteeboden bügeln.

DEN GRIFF VORBEREITEN

06 Ein 30 cm langes Stück Baumwollband zuschneiden und der Länge nach zur Hälfte bügeln. Die offenen Kanten zusammenheften und -nähen, dann die andere lange Kante knappkantig absteppen. Ein Ende des Griffes an der rechten Seite des Bodens feststecken. Die Schnittkanten liegen aufeinander.

05

DEN BODEN ANSETZEN

07 Den Boden rechts auf rechts an die Unterkante des Zylinders stecken. Der Griff liegt innen, sein Ende liegt mittig auf der Nahtlinie. (Näheres zum Einsetzen eines runden Bodens ist auf Seite 15 zu lesen.) Zusammenheften und auf der Nesselseite knappkantig zusammennähen. Mehrmals über den mitgefassten Griff nähen, damit er gut hält. Die Nahtzugabe auf 6 mm zurückschneiden und die Stoffkanten mit Zickzack- oder Overlockstich versäubern.

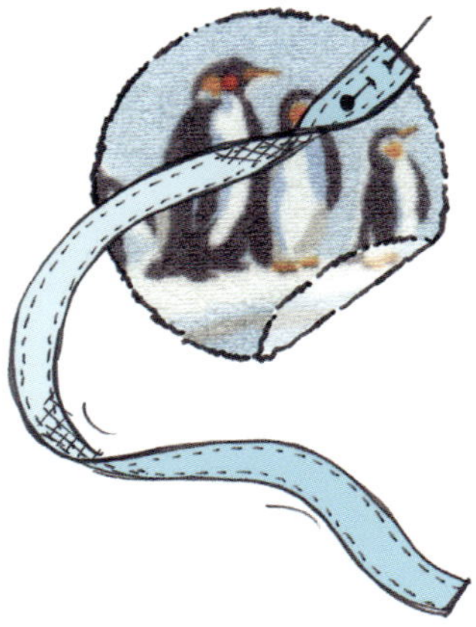

06

DEN GRIFF FESTNÄHEN

Auf rechts wenden und die Bodennaht glatt ziehen. Das freie Ende des Griffes 1 cm einschlagen und direkt unter dem Tunnel sorgfältig an die Oberkante nähen.

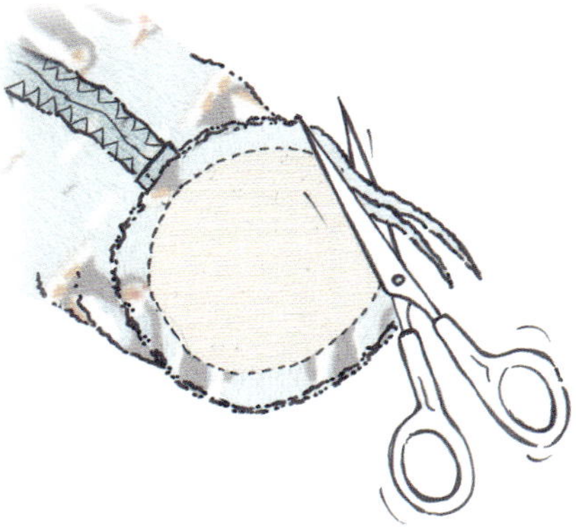

07

DIE KORDEL EINZIEHEN

08 Beide Kordelenden fest mit Klebeband umwickeln. An einem Ende eine Sicherheitsnadel befestigen und die Kordel durch den Tunnel fädeln. Beide Kordelenden durch einen Kordelstopper fädeln, dann die umklebten Enden abschneiden. Aus dem restlichen Band zwei Stücke von 6 cm zuschneiden. Jedes Stück an einem Ende schmal umbügeln. Das unversäuberte Ende eines Bandes an ein Kordelende heften. Das Band mehrmals um das Kordelende wickeln und das eingeschlagene Ende von Hand mit kleinen Stichen festnähen. Ober- und Unterkanten zusammennähen, sodass ein kissenförmiges Endstück entsteht. Das andere Kordelende ebenso verarbeiten.

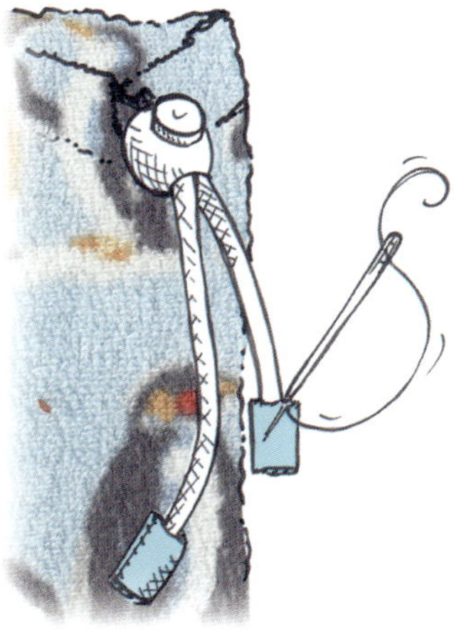

08

leicht

LÄTZCHEN

Lätzchen können junge Eltern nie genug haben,
denn Babys brauchen jeden Tag gleich mehrere davon.

MATERIAL & ZUBEHÖR

VORLAGE AUF SEITE 156–157

30 × 40 cm bedruckter Frottee
Schrägband, 160 cm lang, 12 mm breit
Nähgarn in der Farbe des Schrägbands
1 Klettpunkt zum Aufnähen, 20 mm Durchmesser, oder 1 großer Druckknopf
Nähmaschine
Nähkasten

GRÖSSE

26 × 36 cm

SO WIRD ES GEMACHT

DAS LÄTZCHEN ZUSCHNEIDEN

01 Die Vorlage von Seite 156–157 auf ein großes Blatt Papier übertragen und ausschneiden. Auf die linke Stoffseite des Frottees stecken und den Umriss mit einem selbstlöschenden Textilstift nachzeichnen. Sorgfältig auf der Umrisslinie ausschneiden.

DIE KANTE EINFASSEN

Auf Seite 17 wird das Einfassen gerundeter Kanten genau erklärt.

02 An Punkt A (siehe Vorlage) am linken Innenrand beginnen. Die rechte Seite des Schrägbands aufklappen und ein Ende 6 mm einschlagen. Die aufgeklappte Kante rechts auf rechts um den inneren Ausschnitt und fortlaufend weiter um den äußeren Rand des Lätzchens stecken. Wenn der Anfangspunkt erreicht ist, das Ende auf 1 cm kürzen und hinter das umgefaltete Ende schieben. Das Schrägband festnähen, dabei möglichst exakt in der Bruchlinie steppen.

Das Schrägband um die Stoffkante herum zur Rückseite des Lätzchens legen, festheften und die eingeschlagene Kante von Hand auf der Maschinennaht festnähen.

01

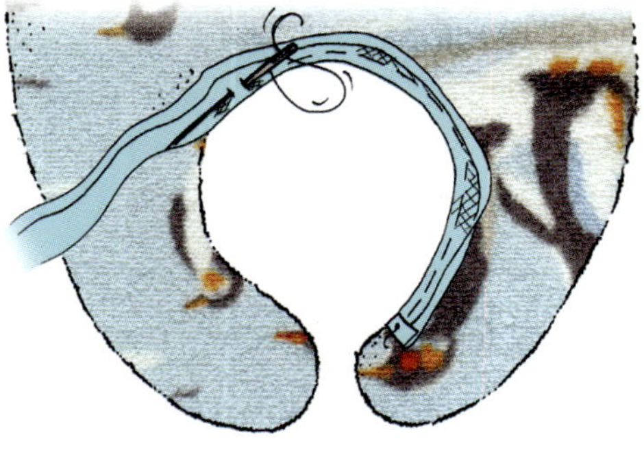

02

DEN VERSCHLUSS ANBRINGEN

03 Die beiden Hälften des Klettpunkts oder Druckknopfs voneinander trennen. Die Flauschseite des Klettpunkts oder das Unterteil des Druckknopfs an das obere linke Ende des Lätzchens nähen. Das Gegenstück des Verschlusses auf die Unterseite des rechten oberen Endes nähen.

03

DA GEHT NOCH MEHR

Mit einem Namenszug oder Monogramm wird das Lätzchen zu einem besonders persönlichen Geschenk. Einfach mit selbstlöschendem Textilstift vorzeichnen und mit Kettenstich (siehe Seite 18) nachsticken.

leicht

BADETUCH

Das Baby-Badetuch mit dem niedlichen Vintage-Muster bekommt durch die hübsche Bogenkante seinen ganz besonderen Charme.

MATERIAL & ZUBEHÖR

VORLAGE AUF SEITE 155

65 × 90 cm bedruckter Frottee
4 m Schrägband, 12 mm breit
Nähgarn in der Farbe des Schrägbands
Nähmaschine
Nähkasten

GRÖSSE

65 × 88 cm

SO WIRD ES GEMACHT

DIE BOGEN VORZEICHNEN

Die Vorlage für die Bogenkante von Seite 155 durchpausen und ausschneiden. Den Frottee mit der linken Stoffseite nach oben ausbreiten und die Vorlage so auf einer Ecke feststecken, dass die Bogenkante an der Schmalseite verläuft. Die Bogenkante und die Unterkante der Vorlage mit einem selbstlöschenden Textilstift nachzeichnen.

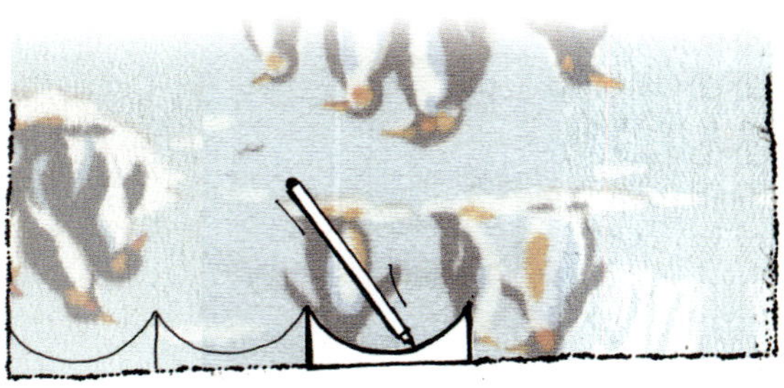

01

01 Die Vorlage abnehmen und direkt unter dem ersten Bogen feststecken. Die Oberkante liegt jetzt an der zuvor angezeichneten Oberkante. Wieder die Bogen und die Unterkante nachzeichnen. Dreimal wiederholen, dann ebenso weitere fünf Bogen an der gegenüberliegenden Seite zeichnen. Den Stoff sorgfältig zuschneiden.

DIE KANTE EINFASSEN

02 Das Schrägband rechts auf rechts um die ganze äußere Kante des Handtuchs heften, dabei an einer geraden Kante beginnen. An den Ecken zwischen den Bogen müssen kleine Fältchen eingelegt werden. Das Einfassen wird auf Seite 17 genauer erklärt. Das Schrägband um die Stoffkante herum zur linken Seite falten und von Hand oder mit der Maschine festnähen.

02

VORLAGEN

GRÖSSE: 100 %

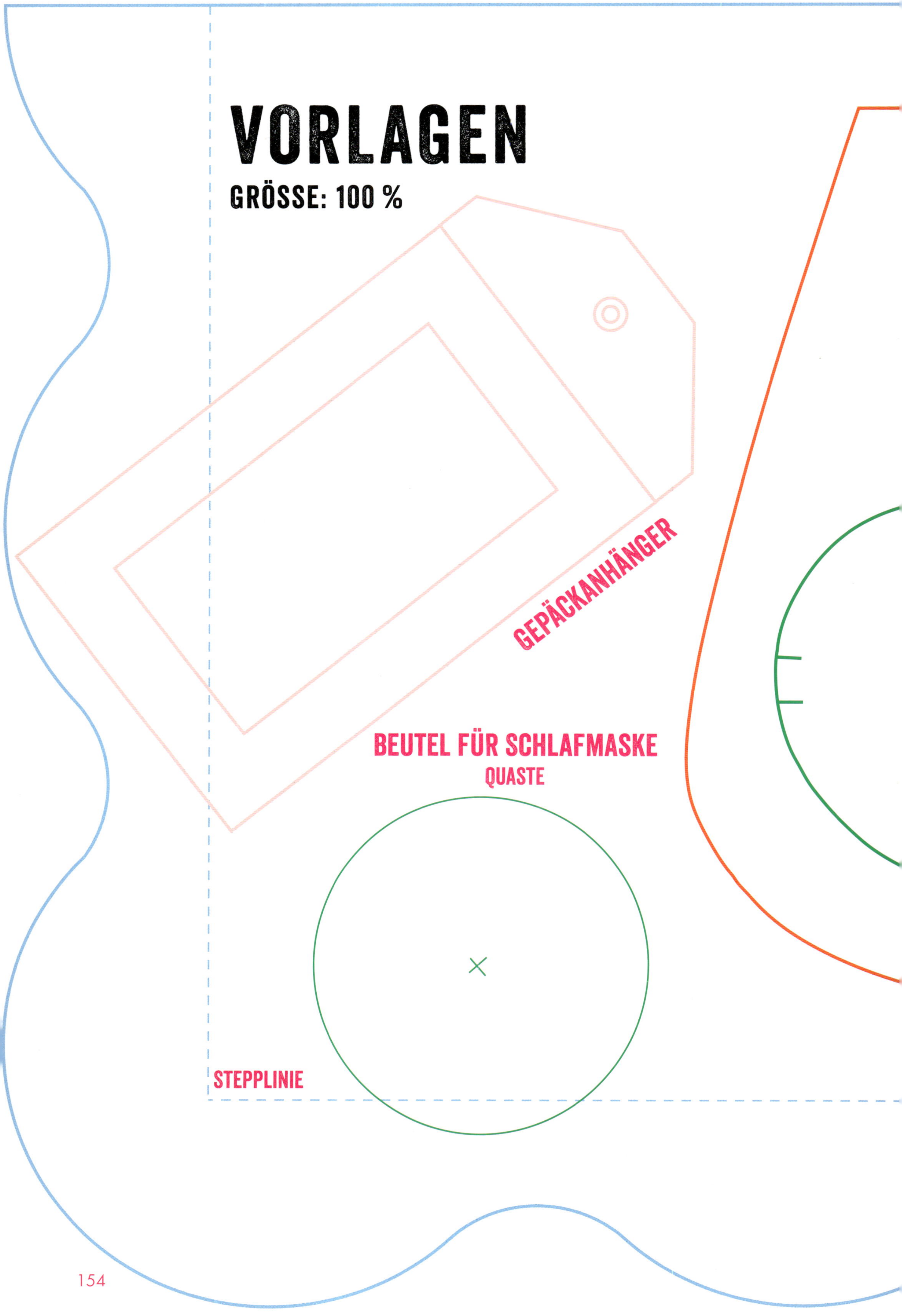

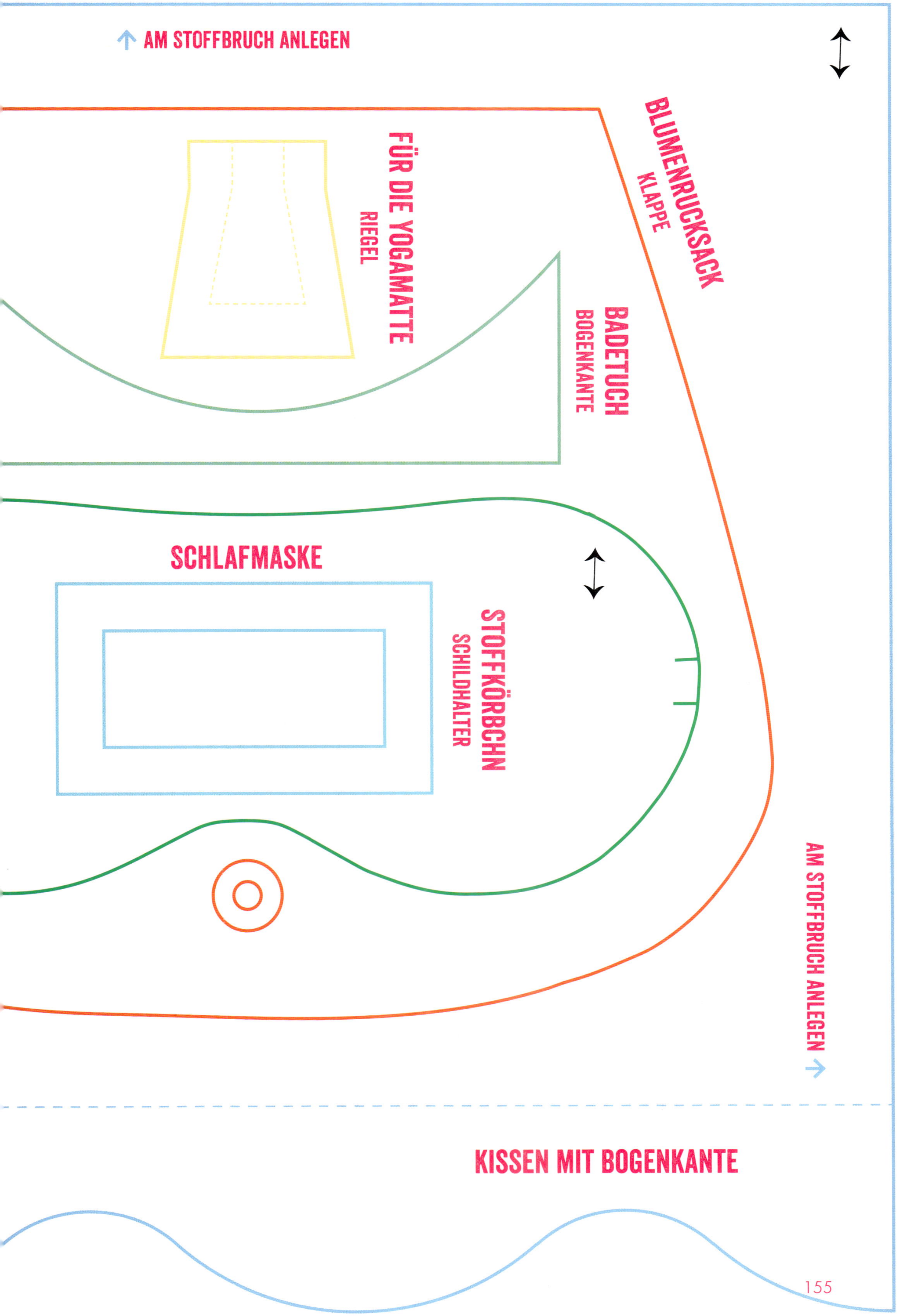
AM STOFFBRUCH ANLEGEN
BLUMENRUCKSACK
KLAPPE
FÜR DIE YOGAMATTE
RIEGEL
BADETUCH
BOGENKANTE
SCHLAFMASKE
STOFFKÖRBCHN
SCHILDHALTER
AM STOFFBRUCH ANLEGEN
KISSEN MIT BOGENKANTE

NÄHMASCHINENHÜLLE
SEITENTEIL 1 *

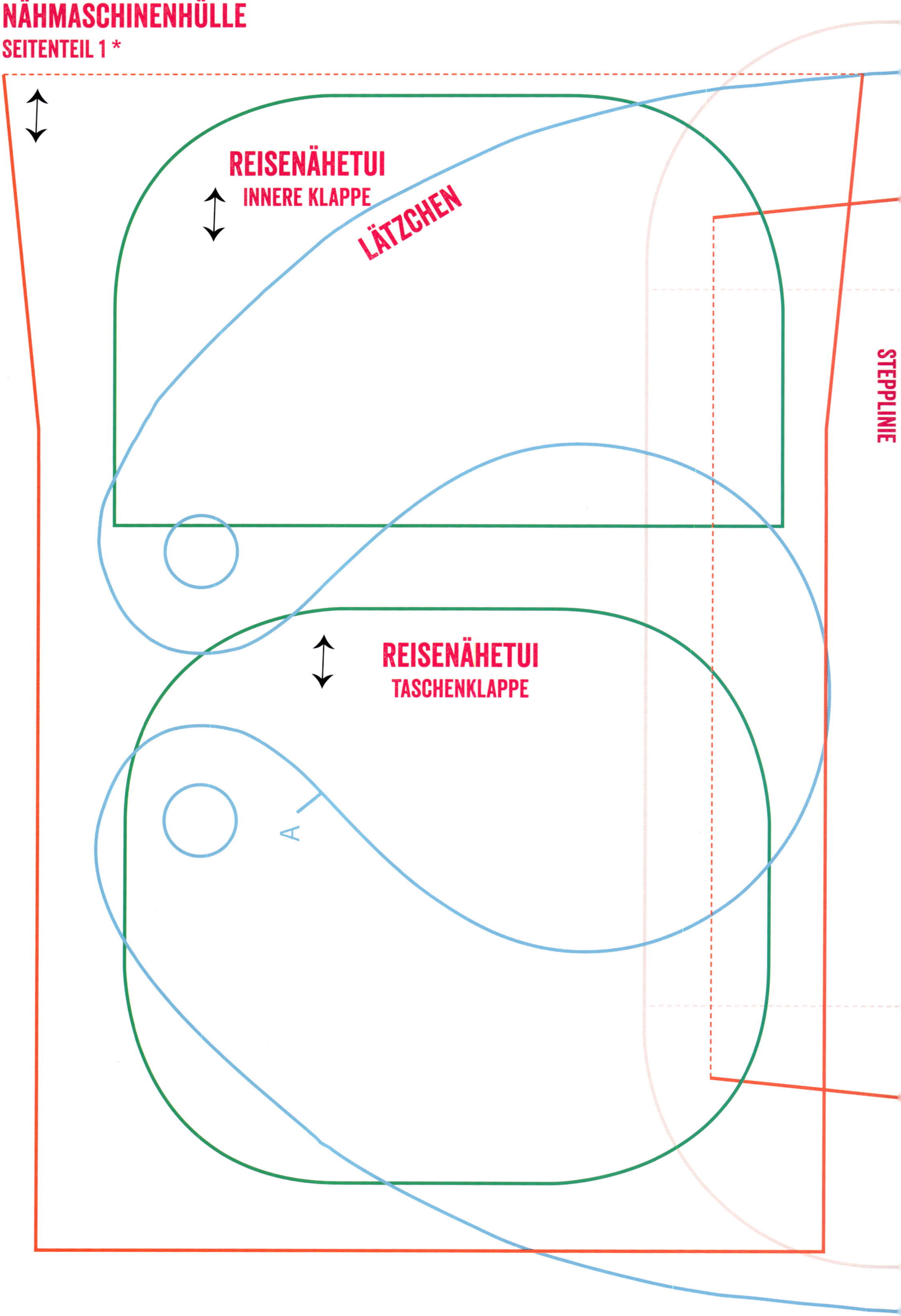

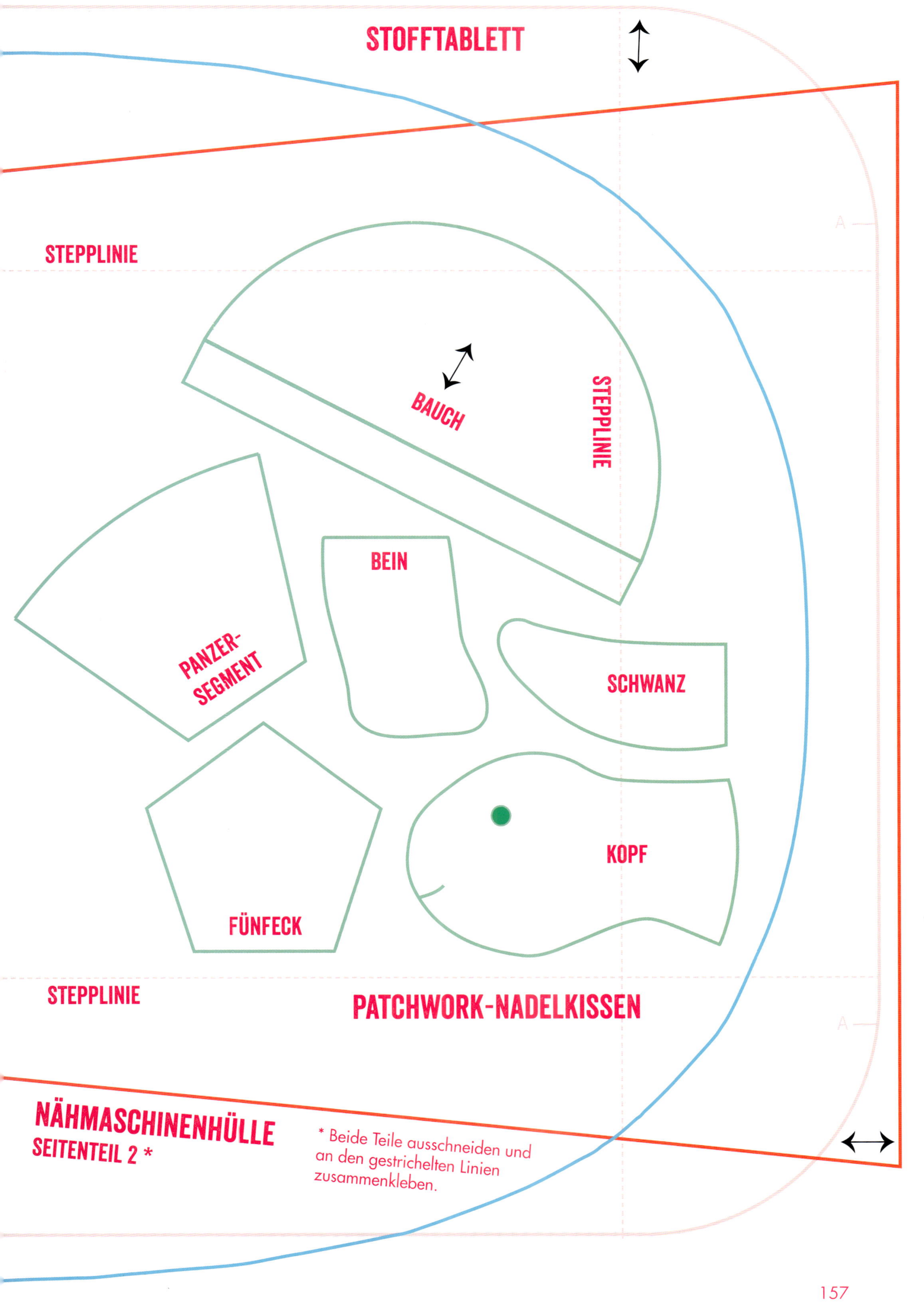
STOFFTABLETT
STEPPLINIE
BAUCH
STEPPLINIE
PANZER-
SEGMENT
BEIN
SCHWANZ
KOPF
FÜNFECK
STEPPLINIE
PATCHWORK-NADELKISSEN
NÄHMASCHINENHÜLLE
SEITENTEIL 2 *
* Beide Teile ausschneiden und an den gestrichelten Linien zusammenkleben.

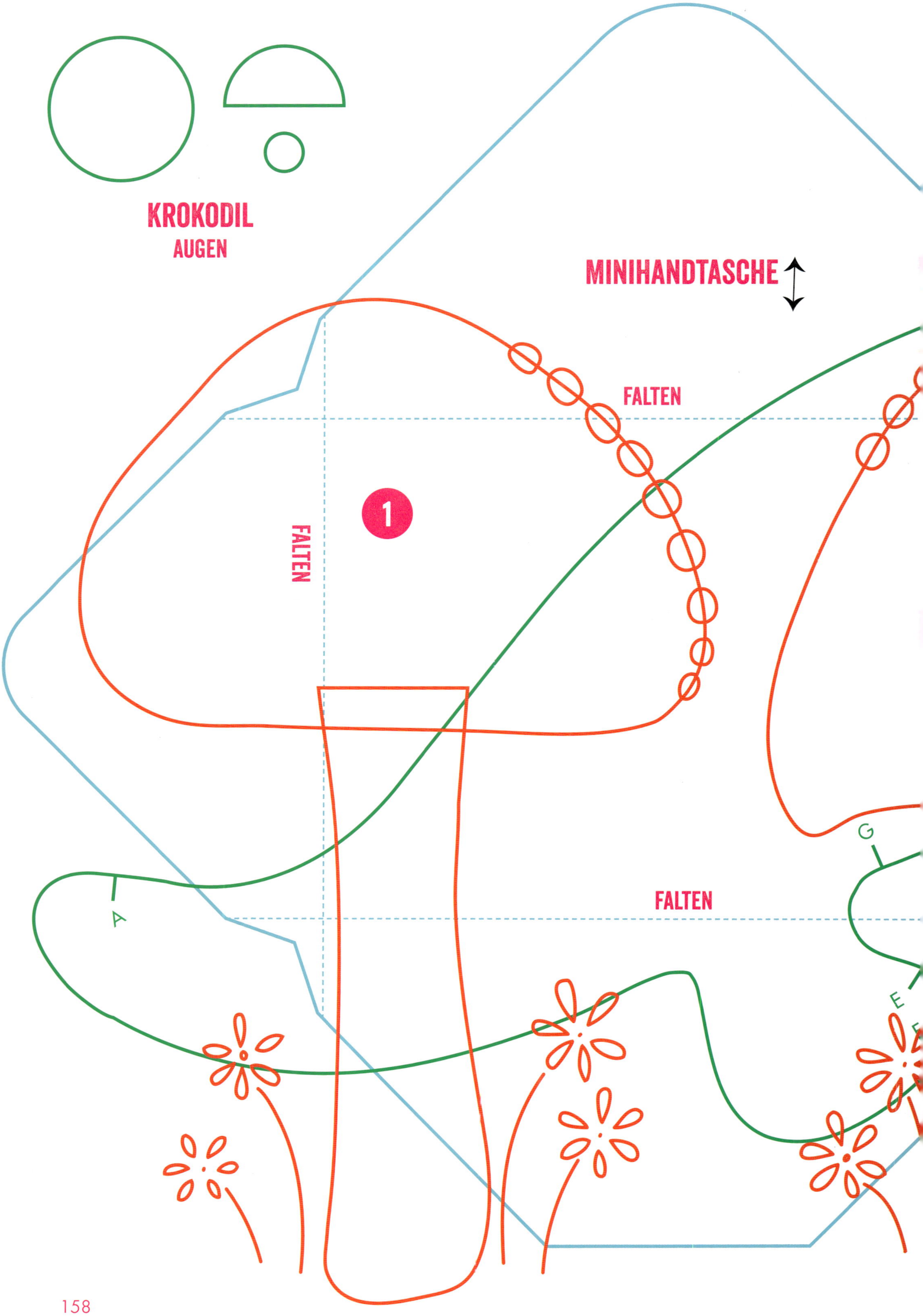
KROKODIL
AUGEN
MINIHANDTASCHE
FALTEN
1
FALTEN
FALTEN
A
G
E

KROKODIL
B
C
D
FALTEN
2
H
A
E
F
3
KISSEN MIT PILZEN

STOFFE & ZUBEHÖR

Für die Projekte in diesem Buch werden meist Baumwollstoffe verarbeitet, die – wie Nähgarn, Nähmaschinennadeln, Bänder und andere Kurzwaren – in Stoffgeschäften, den meisten Kaufhäusern und Onlineshops erhältlich sind. Online-Marktplätze wie Dawanda.de sind eine gute Adresse für besonderes Zubehör (z. B. Federverschlüsse oder Taschengriffe).

CATH KIDSTON BEDANKT SICH

Mein herzlicher Dank geht an alle, die an der Entstehung dieses Buches mitgewirkt haben: an Lucinda Ganderton für das Nähen der Modelle. An Elaine Ashton, Jessica Pemberton und Luciana Sly bei Cath Kidston Ltd. An Rita Platts für die Fotos und an Anne Furniss, Helen Lewis, Nikki Dupin und Zelda Turner bei Quadrille.

DK | Penguin Random House

KREATIVTEAM CATH KIDSTON Elaine Ashton, Jessica Pemberton, Luciana Sly

CHEFLEKTORAT Anne Furniss
CREATIVE DIRECTOR Helen Lewis
MODELLE, ANLEITUNGEN UND ILLUSTRATIONEN Lucinda Ganderton
PROJEKTBETREUUNG Zelda Turner
ART DIRECTOR Nikki Dupin
GESTALTUNG Emma Wells
FOTOS Rita Platts
STYLING Holly Bruce
NÄHASSISTENZ Anna Stefaniak
HERSTELLUNG Vincent Smith, Aysun Hughes

Für die deutsche Ausgabe:
PROGRAMMLEITUNG Monika Schlitzer
PROJEKTBETREUUNG Katharina May
HERSTELLUNGSLEITUNG Dorothee Whittaker
HERSTELLUNGSKOORDINATION Katharina Dürmeier
HERSTELLUNG Inga Reinke

Titel der englischen Originalausgabe:
Cath Kidston Sewing Book

Vielen Dank an Hobbycraft (www.hobbycraft.co.uk) für die Bereitstellung von Requisiten und Accessoires, an Brother (www.brothersewing.co.uk) für die Nähmaschine und an Winter's Moon (www.wintersmoon.co.uk) für den grauen Formica-Tisch.

ÜBERSETZUNG Wiebke Krabbe
LEKTORAT Regina Sidabras

ISBN 978-3-8310-2789-7

Printed and bound in China

Besuchen Sie uns im Internet
www.dorlingkindersley.de